自閉スペクトラム症児者の心の理解

別府　哲

全障研出版部

はじめに

◉「石の上に…」

以前、ある小学校の特別支援学級の授業を見に行ったときのことです。人懐っこい数人がすぐ近づいてきて、「あんた、誰?」「どこから来たの?」と質問を連発します。やりとりで笑いがいくつか起こった頃、視線をそらして離れたところにいた別の子（ヨウ君）がすっと私に近寄り、こう言いました。「あんた、銀歯ですね!」。突然の言葉でしたが、彼が笑っている私の奥歯を見つけたことがわかりました。その着眼点のユニークさと観察眼の鋭さに驚いたことを覚えています。

ヨウ君はその頃、大人の女性には必ず「あんた何歳?」と聞くことがありました。あるお母さんが「48歳です」と言うと、彼は即座に「あと12年で死にます」。周りは「え!」とびっくりしました。しかし、後で彼のおばあさんがその少し前、60歳で亡くなったことを知りました。彼はおばあさんの死から女性が死ぬのは60歳とし、60－48＝12年という計算をしたことがわかってきました。

いずれも、相手が嫌がるかもしれない発言という意味では、相手の心を理解していないようにみえるユニークな言動です。しかし、このようにそれぞれの発言は彼にとってちゃんと意味があるものだったのです。先生はそんな彼をとてもかわいく、おもしろく感じるようになります。そして、ヨウ君の言動の意味を一つひとつ楽しそうに一緒に考えてくれるようになります。そんな先生を彼も気に入ります。

あるとき、彼は先生を見つけると突然「石の上にも…」と言って黙り込みます。先生はひらめいたように、「(石の上にも) 3年!」とことわざの後半を言ってくれる。すると彼がにたっと笑う。こういった言葉遊びが、彼と先生との楽しい世界の共有になっていきます。先生がそのことを他の先生にも伝えることで、彼は次第に、いつも立ち止まって相手をしてくれる先生に近寄り、ことわざの上の句を言って黙ります。相手に下の句を言ってもらう遊びを仕掛けるようになったのです。

楽しい世界を共有できる相手ができ、それが広がる。そのなかで彼自身に笑顔が増え、また遊びをしてくれる相手の表情を伺う(こうすると先生はどう反応するか、その表情や態度をじっと見ている)場面がみられるようになります。これはまさに、彼が相手の心に興味をもち、それを知ろうとする姿と考えられるのでした。

◉「別府先生、鼻くそ、ほ…」

ヨウ君と10年後に再会したときです。にたっとして近づく彼を見て、またことわざの上の句を言うのだろうと予想していた私に、彼はこう言いました。「別府先生、鼻くそ、ほ…」。私は予想とまったくちがう言葉に、とても面食らい、「え？・？・」と目が点になりました。すると近くにいた彼のお母さんが、私に耳打ちしてくれました。「昔、息子が鼻に指を突っ込んでかき出す（ほじる）のをやりすぎて鼻血をよく出したことがあったでしょう。それで困って、先生に『ヨウ君、鼻くそ、ほじりません』って言ってもらったことありますよね？　それじゃないですか？」。

これは10数年前、数回言っただけのことでしたが、そういえば、と私も思い出しました。それでタイミングはずれましたが、「（鼻くそ、ほ）…じりません」と彼に答えました。すると彼は以前のように、本当にうれしそうににたっと笑ったのです。彼が同じ言葉遊びでも、既存のものではなく、自分と相手との経験からつくり出した言葉を使ったことに、とても大きな成長を感じました。

◉「別の顔」を知ること

自閉スペクトラム症児者は、人の心を理解するのが苦手。だから、コミュニケーションがうまくできない。そのため支援として心の理解を教えることが重要であると言われたりします。しかし、コミュニケーションは、二人（双方）がわかり合うことで成立するものです。そう考えれば、コミュニケーションを深めるためには、自閉スペクトラム症児者に障害のない人の心を教える方向ではなく、障害のない人が自閉スペクトラム症児者の感じている世界を知る方向もとても大きな意味をもっているはずなのです。そして、さきほどのヨウ君の例のように、彼・彼女らが感じている世界は、そのなかに一歩立ち入ると、とても魅力的でおもしろいものをいっぱいもっています。

目の前の自閉スペクトラム症児者が感じている世界を知ることは、私たちがそれまで知らなかった（見つけることができなかった）彼・彼女らの「別の顔」を教えてくれるきっかけになります。そして、それが自閉スペクトラム症児者との私たちの関わりを、少し柔らかくしてくれることがあるのです。この本では、私が出会った人や実践を紹介することでその一端を一緒に感じていただければうれしく思います。

目　次

カバーデザイン・本文イラスト／橋野桃子

第❶章 自閉スペクトラム症児者の心をさぐる

◉クリスマス・プレゼント

自閉スペクトラム症のヒロ君。小さい頃から言葉に遅れはあまりないのですが、さまざまな感覚過敏があり、不安になりやすいところがありました。そのためか、周りからみるとささいなことで暴れてしまうことを繰り返していました。そんな彼が5歳のときのエピソードです。「クリスマスでサンタさんになにがほしい？」というお母さんの問いかけに彼は、「マスク」と言います。そして、300円・50枚入のマスクをもらって大喜び。彼はそのマスクを着けて家の前の道路に立ち、お母さんに「みんな（このマスクを見たら）、いいねっていうかなあ」と言います。ヒロ君はわくわくして道行く人を見つめます。しかし、通り過ぎる人は、なんだろうと怪訝《けげん》な顔で振り返るだけでした。

ヒロ君は、小学校に入ってからも、同級生に「相撲しよう！」と言って（はたから見ると）一方的に関わったかと思うと、途中で「あ、バッタ！」と言い、勝手にとりくみをやめて走っていくようなことがよくありました。さきほどのクリスマスのエピソードもそうですが、相手が自分の言動をどう思っているか、うまく理解できていないのでは？　と周囲の人が感じてしまう出来事でした。

◉特定の人への強い関心

そんな彼でしたが、人に関心がなかったわけではありません。逆に、男子でも女子でも気になる子ができると、何度もその子に近寄ります。それがあまりに激しいので結局、相手の子に「来ないで！」と言われ、怒ってしまうこともありました。

特別支援学級に入った中学生の夏。ヒロ君はキャンプのボランティアで出会った女子大生のお姉さんをとても気に入ります。一緒に参加していたお母さんは、ヒロ君が「電話番号教えて」と言った際「え？」と困ったように立ち去るお姉さんを目撃します。しかし、そのキャンプの後、ヒロ君はお母さんに毎日のように「○○さん（女子大生の名前）が、『ヒロ君、結婚しよう』って言ったら、どうしたらいい？」とにこにこした顔で話します。お母さんは「番号教えてもらえなかったでしょ。お姉さんは困っていたんだよ」と言うと不機嫌な顔になります。しかし、彼は翌日になるとまた笑顔で同じ質問を繰り返しました。

その後、旅行に行った彼はそのお姉さんにお土産を買います。「今度のキャンプで渡そうね」と言うお母さんの言葉を無視して、ヒロ君は「これから自分で持って行く」と言い張ります。その剣幕に、勝手に一人で行くことを心配したお母さんが車を出します。お母さんの予想通り、突然の来訪に驚いたお姉さんは「ヒロ君とはお友だちです。プレゼントはありがとう。でももう家へ直接は来ないでください」とはっきり言われました。

怒るのでは？　というお母さんの予想を裏切り、ヒロ君は「さようなら」と言い、車に乗り込みます。お母さんが「やっぱり言ったとおりでしょ！　お姉さん、困っていたよね」と注意しようとしたそのときです。彼が乗った後部座席から突然「う、う、う…」と小さな声が聞こえたのです。それは、押し殺した彼の泣き声でした。その泣き声は、家へ着くまでの30分間、ずっと続いていたとお聞きしました。

◉人の心がわからない？

アメリカ精神医学会の診断基準（DSM－5）では、自閉スペクトラム症は二つの基準を満たすものとされています。一つは「社会的コミュニケーションおよび対人的相互反応における持続的な欠陥」、二つは「行動、興味、または活動の限定された反復的な様式」です。[1)] 後者はこだわりや感覚過敏（あるいは鈍麻）に関係すること、前者は人とのコミュニケーションやりとりがうまくできないということです。そして、その前者については、人の心がうまく理解できないためであるという考え（心の理論欠損仮説[2)]）が提唱されてきました。

さきほどのヒロ君には、相手の心がうまく理解できないと考えられるエピソードはいっぱいあります。しかし、車の中で声を押し殺して泣いた彼の姿は、それとは明らかにちがうものを感じさせました。ヒロ君が相手の心を理解できていないのなら、自分の申し出を拒否されたという事実にただ怒り、暴れてもおかしくありません。しかし、彼は怒りではなく、悲しみを強く感じました。しかもヒロ君は、その悲しみを自分の内に押し込めるように、声を押し殺して泣き続けたのです。そこには、自分の思いを受け止めたくないと思っているお姉さんの心を理解したからこその激しいショックがあったと感じられました。

私がそうとらえたことをお話しするとお母さんは「この子、お姉さんの気持ちがわかったんですね…失恋だったんですね…」と、静かにつぶやかれました。

◉人の心をわかりたいねがい

本著のタイトルである「心の理解」は、自閉スペクトラム症の人自身の心を、関わる側がていねいにとらえることを大切にしたいという思いからつけました。なぜなら、ヒロ君の失恋にあるように、自閉スペクトラム症の人も彼・彼女なりのやり方ですが、敏感に人の思いを感じ取り、それに対する自分の気持ちを確かにもっていると感じるからです。

そういう視点で見直すと、それまで、人の心を理解していないと思われたエピソードもちがうとらえ方ができると思えることがあります。ヒロ君がお母さんに繰り返した「○○さんが『ヒロ君、結婚しよう』って言ったら、どうしたらいい?」という問いもその一つです。私は当初これは、彼がお姉さんの心を理解していないから言える言葉だととらえていました。しかし、失恋の涙からすると、彼はこのときすでに「お姉さんは『ヒロ君、結婚しよう』という気持ちになっていない」ことを感じていたようにも思うのです。でもそれは認めたくない。だからこそ先のように問いかけ、お母さんに「そうだねえ」と言ってほしかったのではないでしょうか。なぜならそう言ってくれれば「お姉さんは『ヒロ君、結婚しよう』という気持ちがある」と信じることができるからです。しかし、そう答えてもらえない不安から、翌日も翌々日も同じ問いを繰り返したのかもしれません。

ヒロ君は車の中で泣いた後、家でお母さんに「つらかったねえ」と声をかけられました。すると彼はそこで、初めて大声をあげて泣きました。自分を相手にわかってもらえたと感じたとき、相手の言葉や態度は、自分の心の映し鏡となります。彼はお母さんにわかってもらえたと感じたからこそ、そのお母さんの言葉によって自分の心を客観的にとらえ「ああ、僕、悲しかったんだ」と気づけたのだろうと思います。自分の心を確かなものとして感じ取ることができたことが、その悲しみを十分表出できることにつながったのです。

私たちも、自分を理解してもらった経験をすると、そうしてくれた相手の気持ちをもっと知りたくなります。相手の心をわかりたいねがいは、その人が自分をわかってくれた経験から生まれます。自閉スペクトラム症の人は、心の理解や表現にユニークさがあるため、こういった経験がつくりにくいと言われます。関わる側が、自閉スペクトラム症の人の心をていねいに知ろうとすることは、彼・彼女らが自分をわかってもらえた経験をつくり出します。そして、その喜びが、そういう人を知りたいねがいを広げ深めるのです。このように心を知ろうとすること自体が、とても大切な支援だと感じるのです。

◉「お母さん、夕陽がきれいです」

ヒロ君はこの出来事の後、人とのトラブルがなくなったわけではありません。しかし、お母さんは彼も自分の心を知ってほしい相手（お姉さん）の気持ちはわかるようになったんだと思えると、少し見通しがもて、気持ちが楽になったと言われました。

こういったエピソードは、知的に障害のある自閉スペクトラム症の人でもよくあります。以前の著書で紹介したシン君。[3] パニックが激しく、それを止めることで傷が絶えなかったお母さんですが、そのお母さんが一番頼りにしていたおばあさんが突然亡くなられます。お母さんはそのつらさとともに、生前とてもかわいがってもらっていたのにシン君がお葬式でもまったく表情を変えなかったことに強いショックを受けます。家事も手につかなく夕方になっても起き上がれなかったある日。いつもなら「スーパー行きます」と要求を繰り返す彼が、お母さんの横で窓を見ながら淡々とこう言ったのです。「お母さん、夕陽がきれいです」。お母さんはアニメのセリフかもと思いつつ、でもこの言葉が自分を心配し励まして言ってくれたように思え、涙が抑えられなかったと言われました。

自閉スペクトラム症の人は、心の理解だけでなく、表現もユニークなときがよくあります。シン君の言葉はアニメのオウム返しかもしれません。またなぜお母さんに視線を合わせずに言うのか、なぜ淡々とした口調なのか、障害のない人のスタイルを基準に考えると、疑問はいくつもでるでしょう。しかし、ここであえてこの言葉を選択したのは、やはり彼のお母さんを気遣う気持ちがそうさせたからとも感じるのです。そして、その場でお母さんが涙を抑えられないほどうれしかったことは、それだけでお母さんにとっては確かな事実なのです。

目に見えない心というものは、そもそもわかりにくいものです。加えて、動作や表情を通してその一部を見ることができる他者の心とちがい、鏡でもない限りリアルタイムでは自分の動作や表情をみることができない自分の心は、さらにわかりにくいものです。そんな心ですが、私たちは他者との関わりを深めることによって初めて、その存在や内容に気づき、その世界の喜びや悲しみを知っていくようになります。プロセスや内容に独自性はありながらも、この点は、自閉スペクトラム症の人も同じだと感じるのです。本著では私が出会った人や実践を紹介しながら、この問題を一緒に考えていきたいと思います。

（1）「特集：障害分類・診断改定の新たな動向と発達保障の課題」『障害者問題研究』第43巻4号、2016年。
（2）奥住秀之『どうして？　教えて！　発達障害の理解』全障研出版部、2013年。
（3）別府哲『自閉症児者の発達と生活—共感的自己肯定感をはぐくむために』全障研出版部、2008年。

第❷章 一緒に笑い合える「人」の存在に気づく

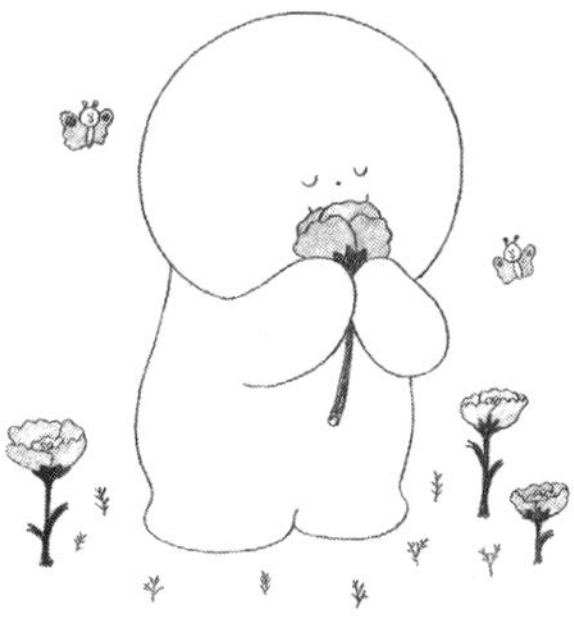

◉人とうまく関わることができない？

「なぜ人とうまく関わることができないのか？」。自閉スペクトラム症児者と関わるときに、多くの人が感じる悩みや疑問の一つです。視線を合わせてくれない、誘っても集団に入ろうとしない、すぐ怒って周りの人とトラブルになってしまう…。「人とうまく関わることができない」といわれる中身は多様です。一方、この「人と関わることができない」状態は変わらないものではありません。周りの働きかけのなかで変化し発達していきます。

シン君は、就学前通園施設に通う4歳の男の子。先生がいろんな遊びをためすと、身体の揺れはとても喜ぶことがわかりました。それから先生は、通園バスを降りた直後の1時間、毎日ブランコ遊びを続けました。ブランコを押してもらい大きな揺れになるとキャッキャと声をあげて笑います。しかし、その笑顔はブランコが終わった瞬間に消えてしまいます。そしてブランコを押してくれた先生の足を踏んでしまっても、その足を見ることもなく走り去ります。

障害をもたない子であれば、楽しい活動は、それをやってくれた人への関心や笑顔などポジティブな感情を強めます。ところが、シン君の場合、楽しい活動とそれをやってくれた人への関心が結びつかないのです。これは、人とうまく関わることができないといわれる自閉スペクトラム症児者の特徴の一つです。

◉楽しい活動を続けること――期待と要求

しかし、興味深いことに、本人に笑顔がみられる楽しい活動をていねいに一定期間続けると、多くの自閉スペクトラム症児者に変化がみられます。その一つは、その活動への期待が生まれることです。通園バスを降りてから切り替えに時間がかかっていたシン君。しかし、ある時期からバスを自らすっと降り、一目散にブランコへ走っていくようになりました。自閉スペクトラム症児者が比較的得意である、決まった流れのなかで繰り返すことによる見通しの形成（通園バスを降りると次はブランコ）が楽しい活動に結びついたことで、見通しが「期待」に変わったのだと思います。

見通しが「期待」に変わると、楽しい活動を「もっと」やりたいという要求が強まります。いつもならブランコが終わった瞬間にその場から走り去るシン君がある日、ブランコから立ち上がろうとしませんでした。彼はそこで突然「ア！　ア！」と言い、後ろにいた先生の手を引っ張ったのです。先生は、「もっとやってほしい」という彼の要求だと思い、本当にうれしかったと話されました。

◉「人」の発見

それまでシン君は、活動（ブランコ）と楽しさ（快の情動）をただ結びつけるだけだったのでしょう。しかし、この瞬間、その両者をつなぐ「人」という存在に初めて気づいたのだと思います。ブランコに座れば自動的に揺れて楽しくなるのではなく、ブランコを揺らしてくれる「人」（ここでは先生）がいることへの気づきです。先生のうれしさの背景には、シン君が初めて自分を「人」として意識してくれた！　という喜びがあったと思われるのです。

このことは、自閉スペクトラム症児者がなぜ「人とうまく関わることができない」のか、そして、それが変わっていく際になにが大切なのかを考える際に、とても重要な視点を提供してくれます。

障害のない子どもは、生後数時間後から、大人の表情を真似します（新生児模倣）。そして、大人が笑いかけるとそれに応じるかのように子どもが笑い返す、社会的微笑みも生後2、3ヵ月からみられます。障害のない子どもにとって「人」はそもそも無条件にとても注意を引きつけられる存在です。そして、生後早い時期から「人」と一緒に笑い合うといった情動を共有できる関係をもつことができるのです。

一方、自閉スペクトラム症児の場合はどうでしょう。あるご家族は、後に自閉スペクトラム症と診断された弟の子育てを振り返り、お兄ちゃんのときと同じように抱っこしてあやそうとしたら、火がついたように泣かれたことを語られました。弟さんはもしかすると触覚過敏で、背中のような見えない身体を触られるのはとても不快だったのかもしれません。こういった本人なりの理由はすぐにはわかりにくいものです。そのため、大人がよかれと思った関わりが子どもを不快にさせ、大人が子どもと一緒に笑い合う体験を非常につくりにくくさせてしまうのです。

◉「人」が恐怖の対象

自閉スペクトラム症児は「人」と一緒に笑い合う関係をもちにくいだけではありません。ある自閉スペクトラム症者は小さい頃、モノとちがい、反応の予測のつかない生き物、そのなかでも特に「人」は恐怖の対象だったと回想されています。[1)]

ある別の自閉スペクトラム症の女性は自伝で、次のようなエピソードを語っています。[2)]小さいとき、昼間に陽の光が差し込む空中をぼんやり見つめていると、そこに浮かぶ色とりどりの粒子（筆者註：空中を浮遊するチリに光が反射するのかもしれません）が見える。そのうち、自分もその一つの粒子になって浮かんでいるのがとても楽しかった。しかし、そういうときは必ず、大人が自分の肩をさわり「なにぼんやりしているの」と声をかける。すると、その楽しかった世界が瞬時に壊れてしまう。自分の楽しい世界が破壊される恐怖で何度も叫んだというのです。

自閉スペクトラム症児であれば、すべて「人」を恐怖の対象と思っているわけではないでしょう。しかし、障害をもたない子どもであれば、自然に注意を引きつけられ、かつ一緒に笑い合える「人」が、まったく逆の恐怖の対象となっている可能性があるのです。この人生のスタートにおける「人」という存在のとらえ方のユニークさが、自閉スペクトラム症児者における「人と関わりにくい」姿をつくり出す要因となっていることは十分予想されます。そうであればまず「人」は恐怖の対象ではなく、一緒にいることが楽しいと感じることができる存在になるよう支援することが重要となるのです。

◉楽しい世界がもつ独自の意味――「人」に気づくユニークなプロセス

その際のキーワードが、楽しい世界です。障害をもたない子どもであれば「人」との関係をつくるために「人」が前面に出て関わります。「人」の存在そのものに、子どもは注意を引きつけられます。そして、相手が笑えば、子どもにその情動が伝染し、一緒に笑い合うことができます。「人」の存在と関わり自体が、子どもにとって楽しい世界なのです（図a）。

一方、自閉スペクトラム症児者にとっては「人」が恐怖の対象である可能性があります。そうであると「人」が前面に出て関わることは逆に恐怖を強め、「人」や「人」が提供する世界を拒否することにつながりかねません。それに対し、シン君にとってのブランコのような楽しい世界は、自閉スペクトラム症児が自ら入りたくなる世界です（図b①）。「人」は自分が前面にでるのではなく、その楽しい世界を黒子のようにていねいに提供します（図b②）。それにより、楽しい世界が自閉スペクトラム症児にとって期待したいも

a. 障害をもたない子ども

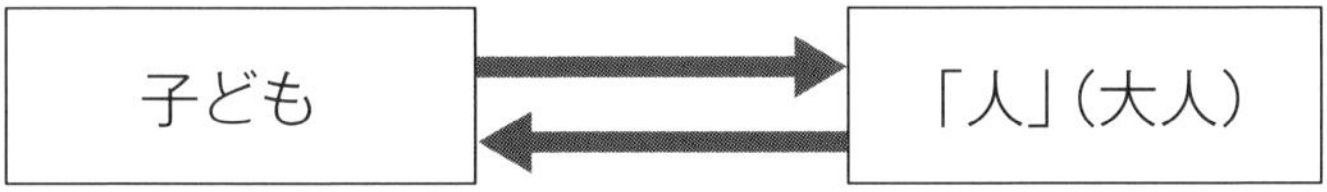

b. 自閉スペクトラム症児

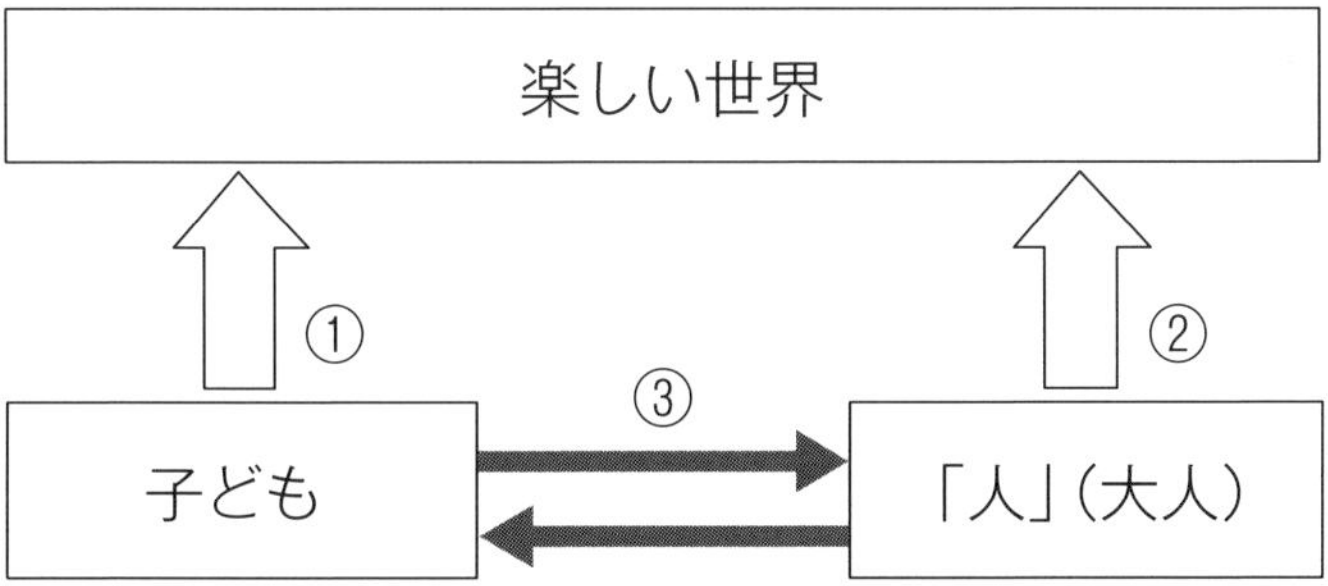

のとなり、もっとやりたい要求をつくり出す。そのとき初めてそれをやってくれる「人」を、恐怖の対象ではなく楽しい世界を提供してくれる存在として受け入れられるようになるのです（図b③）。

先生はブランコをやっても自分を意識してくれないシン君に「先生がブランコやってるんだよ」と自分を前面に出して迫ることはしませんでした。そうではなく、彼が横を向いて見せる一瞬の笑顔、身体の緊張のゆるみなどをていねいにとらえ、そういう場面が増えるよう揺らし方（彼の呼吸に合わせる、リズムや強弱など）を何度も工夫されていました。大きな刺激（音や揺れ）でただ受け身的に興奮させるのでなく、シン君自らが能動的にその活動を期待する気持ちを育みたいと考えられていたからだと思います。

また、シン君は入園後半年で「人」を楽しい世界を提供してくれる存在として気づくようになりましたが、こうなるまでの時間の長さは多様です。関わる人は「人」に気づいてくれない期間が長くなると、いつまで楽しい活動をすればいいのか、そもそも楽しい活動をやること自体意味があるのか、とても悩みます。しかし、「人」が恐怖の対象である可能性を考えれば、恐怖の強さやその期間に応じた時間の保障は、必要な場合もあると思われるのです。

このように、自閉スペクトラム症児も「人」を一緒に活動を楽しむ存在として受け止めることができるようになります。しかし、そのプロセスは障害をもたない子どもと異なる、ユニークさをもっています。そして、このユニークなプロセスを可能にするのが、子ども自らが期待したくなる楽しい世界の質的・量的な保障なのです。

近頃、教育現場では「楽しい」かどうかは客観的に評価できない、また、それは実践の当然の前提だ、などという理由から、教育目標に書き込むべきではないとする論調があります。教育目標が客観的で測定可能なものであるべきかという問題は別に論じるとして[3]、自閉スペクトラム症児者の教育・支援においては、楽しさを追求することは独自の重要な意味があります。それはここで述べてきたように自閉スペクトラム症児にとって、一緒に笑い合う存在としての「人」の存在に気づくために必要不可欠だということです。これは、モノとはちがう「人」を理解し、関わる原点となる力です。自閉スペクトラム症児者一人ひとりにとっての楽しい世界をていねいに見つけ出し保障することは、もっと理論的にも実践的にも深められるべき課題なのではないかと思うのです。

（1）Bemporad, J.R. 1979　Adult recollections of a formerly autistic child. Journal of Autism and Developmental Disorders, 9、179-197。
（2）森口奈緒美『変光星－自閉の少女に見えていた世界』花風社、2004年。
（3）三木裕和・越野和之（編著）『障害のある子どもの教育目標・教育評価』クリエイツかもがわ、2014年。

第❸章　心の支えとなる人

◉すれ違いの原因を一方に押し付けるのは間違い

これは、自閉スペクトラム症の当事者である綾屋《あやや》紗月《さつき》さんの言葉です。[1]「他者の心理を推論し合いながらコミュニケーションを行う状況において、すれ違いが生じることは日常的にありふれた光景であり、そのすれ違いの原因を一方の側（自閉スペクトラム症児者：筆者註）に押し付けるのは間違っている」（77頁）。自閉スペクトラム症児者と障害をもたない人との間にコミュニケーションのすれ違いが生じた場合、その原因は自閉スペクトラム症児者が障害をもたない人の心を理解できていないことにあるととらえられがちです。しかし、これは障害をもたない人の心の理解を唯一絶対なものとみなしているから生まれるとらえ方です。自閉スペクトラム症児者も彼・彼女なりの心をもっています。そうだとすればすれ違いが生じているときは、障害をもたない人も自閉スペクトラム症児者の心を見失っているはずではないかということなのです。

心は瞬時に変化し、自分でもとらえどころがないものです。そして、相手の心を完全にわかることはありません。そうなったら相手と自分は同じになり、自分が消えてしまうからです。でも、一方でコミュニケーションは双方向的なものです。完全にわかることがないことを前提に、しかし、お互いに相手をわかろうとする姿勢は、人と関係を取り結んでいくうえで欠くことができないのです。

自閉スペクトラム症を人とやりとりする能力（社会性）の障害とする現在の優勢な見方は、人と関係を取り結ぶことができない状態を引き起こす要因が、自閉スペクトラム症児者にのみあるというとらえ方を強めています。関わる側が、目の前の自閉スペクトラム症児者のことをもっと知りたいと思い、わかろうとする姿勢をもつことこそが求められていると感じるのです。

◉一緒に笑い合える存在としての人に気づく

そう考えれば、人とうまく関わることができないことも、自閉スペクトラム症児者だけの要因ではなく、お互いの関わりのなかでそういう状態をつくり出しているというとらえ方が大切になります。例えば、感覚の過敏さや物事のとらえ方の特徴などにより、目の前の自閉スペクトラム症児者が楽しめる世界と、周りの大人が「子どもにとって楽しいだろう」と思って提供する世界がずれることがあります。部屋にあるたくさんのおもちゃではなく、隅にある小さな換気扇に注意の焦点があたり、それがクルクル回るのを見る視覚的感覚が楽しい子がいます。しかし、周りはそれをこだわりと感じ、多くの子が楽しいと思いやすい玩具にばかり誘おうとする。それで子どもが怒ってしまうことなどはその一例です。

その結果、通常であれば自然にできる、人と一緒に笑い合える経験がとてもつくりにくくなります。それが結果として人とうまく関われない姿を生み出してしまうのではないでしょうか。だからこそ、自閉スペクトラム症児者にとって楽しい世界を用意し、それによって人が一緒に笑い合える存在であることに気づくことができるようにすると、人との関わり方が大きく変化するのです。

しかし、人が一緒に笑い合える存在であることに気づきさえすれば、その後、人との関わりにくさがなくなるわけではありません。本章では、このことを一つの教育実践記録（安村由紀子『自閉症のみんなと私』）を通して考えてみます。

◉とても手のかかる、でもおもしろい子

安村さんは特別支援学級の担任となり6年生の康太君を引き継ぎます。彼は、すぐ手が出る、モノを投げる、つばをかける、とても手のかかる子。でも一方、アンパンマンが大好きで、うれしいときは「ありがとう、バタ子さん」などと場面に合うアンパンマンのセリフをふっとしゃべる、とてもおもしろい子でした。大変だけれどもそこにおもしろさを感じ取る安村さんの人間観が光ります。そんなおもしろさを引き出そうと彼の楽しい活動や行事をつくっていくことで、彼との距離はどんどん縮まります。遊びに誘うとノリもいいし、言葉をすっと受け入れてくれる。康太君は、一緒に笑い合える人として安村さんをとらえるようになったのだと思います。

◉突然「人」がわかることの不安、混乱

ところがある時期、突然彼から安村さんへの暴力的な行動が増えます。絵を描いた際に

「上手にできたね」と声をかけたら鉛筆が飛んでくる。休み時間に十分CDを聞いたところで終わりと伝えようと名前を呼ぶとCDデッキが投げつけられる。嫌な場面というわけではなく、ほめられた場面でも暴力的な行為はみられます。しかも、直前まで膝の上でべったり甘えていたのに、突然物が投げつけられる。その変化の激しさと理由のわからなさが、安村さんをとても悩ませることになるのです。

しかし、この暴力的な行動は、それまでのとりくみを否定するものではありません。それは自閉スペクトラム症児者が人との関わりを深めていく際にしばしば現れる、プロセスの一つだと考えられるからです。障害をもたない子と異なり、自閉スペクトラム症児は人と一緒に笑い合う経験をとてもつくりにくく、ときには人が恐怖の対象ですらあります。それが、楽しめる世界をていねいに用意してもらう経験により、それを用意してくれた人を、恐怖の対象ではない一緒に笑い合える存在として発見していくのです。

話はそれますが、障害をもたない子が6歳くらいになって、自分の名前（例えば〝あつし〟）が初めて読めるようになると、散歩中に看板を指さし「あれ〝あつし〟の〝あ〟！」とすばやくその字を見つけることがあります。ほかにもいろんな字や物があるのに、自分が読めるようになった字に自然に注意が引き寄せられ、世界からその字が浮かび上がってみえるようです。

これと同じことが、自閉スペクトラム症児が一緒に笑い合える人を発見するときにもあります。康太君にとって安村さんは、初めて発見できた笑い合える人として、世界のなかから突然浮かび上がってきたとても大きな存在だったのだと思います。

一方、人はモノと異なり心をもつ存在です。一緒に笑い合うときは相手がポジティブな心をもっているとわかりやすいのですが、それ以外ではなにを考えているのかわかりにくい場面もいっぱいあります。発達の途中で人の存在に初めて気づく自閉スペクトラム症児者には、なおさらです。その結果、相手が笑顔でほめていても、その大きな声と自分に近づく勢いで、逆に圧迫感を感じ怖くなることもあるかもしれません。自分の世界のなかで突然大きな存在となった人だからこそ、その一挙手一投足がなにを意味するかわからないことが、激しい不安や混乱を引き起こす。これが康太君の突然の暴力の背景にあったと思うのです。

◉思い出したくなるほど楽しい世界――今・ここを超える

安村さんは不安を感じつつ、しかし、康太君の笑顔は大切にしたいと考え、楽しい活動をさらに工夫して続けられます。秋の修学旅行では、スペースワールドという遊園地へ行きます。ジェットコースターや泳げるほどのお風呂を、彼はとても楽しめたということです。

それまで彼は、どんな楽しい活動でも後で振り返る思い出カード作りにはまったく興味がありませんでした。自分が写った写真を渡されても、顔の真ん中をはさみで切ります。そんな彼が、修学旅行の思い出カード作りではちがう姿をみせます。先生から差し出されたものではなく、自分で写真を選び、しかも顔が切れないようていねいに切って貼ります。作った後も「スペースワールド、あっち行く、こっち行く！」と言いながら、カードを何度も見返していました。

そして、この頃から彼の暴力的な行動が減りました。私は、康太君にとって楽しい世界の質が変わったことが大きな要因だったと考えました。それまでの彼にとっての楽しい世界は、今・ここでだけのものでした。しかし、修学旅行の体験は、思い出したくなるほど楽しい世界でした。これは現在だけではなく過去を伴う時間的広がりがあり、目の前にないものを思い浮かべるという意味で表象（representation）の世界でもあります。このように、楽しい世界が時空間を超えて広がることで、人の存在が相対的に小さくなり、不要な圧迫感を感じることがなくなっていったのです。康太君にとっては、不安がなくなることで、暴力的行為を起こす必要性がなくなっていったのでしょう。

◉ユニークなプロセスを楽しむ

過去の楽しい世界を振り返ることは、本人が余韻を感じたくなるほど楽しい世界であるとともに、周りの人が「楽しかったねえ」と言葉をかけ共有することで確かなものとなります。安村さんは、暴力的な行為を向けられながらも、康太君との楽しさの共有を何度もていねいに行われたのでしょう。そして、これが人という存在を、今・ここでの活動で一緒に笑い合うだけではなく、過去を振り返り、それを楽しく感じるという心を共有する相手としてとらえることを可能にしました。心を共有できることで、自分が困ったらこの人がなんとかしてくれると思える、つまり相手を心の支えとすることができるようになったと思うのです。

それまで一緒に笑い合っていた相手が急に暴力的になると「なんで怒るの？ 今までのように遊ぼう」と自分（人）を前面に出して関係を修復したくなります。しかし、これは自閉スペクトラム症児者の場合、逆に圧迫感を強め、不安を増幅させることがあるのです。この実践は、人ではなく、子どもにとっての楽しい世界をより大きく深くすることを大切にしました。楽しい世界が時空間を超えて広がった結果として、人との関係をつくり直す契機が生まれていったのです。

突然人に気づくというユニークなプロセスは、一時期それによって人が圧倒的な大きさと圧迫感をもって存在することにつながります。そして、これが指示待ち的行動の強まり、わざと悪いことをするなどさまざまな状態を引き起こす要因ともなります。[2)] しかし、この一見問題とみえる状態は、人との関わりが深まっていくプロセスの一つという意味では、康太君の突然の暴力と同じなのです。だからこそ、本人にとって楽しい活動をさらに深めることが、それを乗り越える力を育てることにつながります。楽しい活動を考えつくることは、決して簡単ではないでしょう。それだけに、意識的に追究する専門性が求められると思うのです。[3)]

（1）綾屋紗月「発達障害当事者から―あふれる刺激、ほどける私」青木省三・村上伸治編『成人期の広汎性発達障害』中山書店、2011年。
（2）これについては、別府哲「自閉スペクトラム症と1歳半の節」『障害者問題研究』第44巻2号、2016年、を参照。
（3）別府哲『障害児の内面世界をさぐる』全障研出版部、1996年。

第❹章 楽しい世界と出会う

◉自分が楽しいと感じる世界

みなさんが感じる楽しい世界には、どんなものがあるでしょう。身体を動かす、音楽を聴く、本を読む、友だちと会う、なにもせずぼーっとする…。それはまさに十人十色で、一人ひとりちがってよいものです。一番大切なのは、自分が楽しいと感じることであり、人から押し付けられるものではないということなのでしょう。

楽しさは一人ひとりちがうはずなのに、障害をもたない人の場合、楽しい世界を共有できる自分以外の人に出会うことはよくできます。同じ漫画や音楽が好きだったり、スポーツの話題で盛り上がることができる相手です。ところが自閉スペクトラム症児者は、楽しい世界がユニークなため、それを共有できる人と出会いにくいことがあるのです。

「僕は、池に小石を投げた時にできる波紋にうっとりしたり、時間も忘れ、走っている自転車のタイヤの回転に注目したりします…」[1]。

これは自閉スペクトラム症の当事者であり作家活動もされている、東田直樹さんの本の一節です。自閉スペクトラム症児には、タイヤだけでなく換気扇など、回るものを見るのが大好きな子はよくいます。障害をもたない子でも小さいときにそれが好きな子はあるでしょう。しかし、年齢が上がると、それを「時間を忘れ」るほど楽しめる人はあまりいません。なので、東田さんのように、青年になってもタイヤの回転に注目し続ける姿は、ときにこだわりととらえられたりするのです。

このように、自閉スペクトラム症児者にとっての楽しい世界やユニークな楽しみ方のなかに、障害をもたない人には想像しにくいものがあります。そして、その理解のしにくさが、そういった言動をこだわりや問題行動ととらえさせやすくすることがあるのです。今回は楽しい世界のユニークさについて、例をもとに考えてみます。

◉モノと一体になる楽しさ

「夜になって眠る前、僕は天井をじっと見つめることがあります。すると、天井との距離が縮まって、自分と天井が一体化したような感覚に陥るのです」[2)]。

これも先に紹介した東田さんが書かれている一節です。自分が天井というモノと一体になる感覚が、しばしばあると言います。自閉スペクトラム症の当事者であるドナ・ウィリアムズさんはＮＨＫの番組[3)]で「人間よりもはるかに信頼できて気持ちが通じ合うもの」としてベルベット（表面にやわらかな毛羽のある絹織物）を挙げています。「ベルベットにふれれば、私はベルベットになることができる。息をのむほどの美しさと完璧さの一部になることができる」。ドナさんは彼女の世界の友だちとして次のことも紹介しています。「空中に浮かぶ丸い粒子をみつめれば、私は粒子になることができる。モノの一部になることができる。くつろいだ気持ちで世界が回っていくのを見ることができる」。空中の粒子になれる楽しさは、第２章で紹介した当事者の森口奈緒美さんも、語っておられました。

こういったことは、自閉スペクトラム症者の自伝では、しばしば書かれています。ここではそれを、モノと一体になる感覚としておきます。しかし、この感覚は障害をもたない人には理解しにくいため、これまであまり注目されてきませんでした。一方、このモノと一体になる感覚が、とても好きで楽しいと感じる自閉スペクトラム症児者は決して少なくないと考えられるのです。

◉自分と他者、自分と周りの世界──未分化から分化へ

モノと一体になる感覚とはどういうものでしょう。そして、それは障害をもたない人にはない感覚なのでしょうか。障害をもたない子どもも発達の最初の頃には、自分と他者、自分と周囲の世界がはっきりとは分かれていない（未分化）状態を生きています。例えば生後2、3ヵ月頃、自分には泣く理由がないのに、隣の子が泣いただけでつられて泣いてしまうことがあります。自分と他者がはっきり分かれていないため、他者の悲しさと自分の悲しさが混然一体になる（情動伝染と呼ばれます）と考えられています。

一方、1歳半頃を過ぎると、泣いている相手を見たとき、子どもは自分の好きなモノ（例えばいつも持っているタオル）を渡したりして相手を慰めようとします。自分と他者を分化できるようになったため、悲しいのは自分とは異なる相手の感情だととらえ、つられて泣くのではなく、相手を慰めようとするのです。

このように障害をもたない子の場合、1歳半頃から自分と他者がちがう存在であることの理解、すなわち自他分化が始まります。それによって同時期、他者とはちがう自分を認

識し、写真や鏡に映る自分を自分とわかるようになったり、相手とちがう自分の意図をもつことで「〇〇チャンガ！」と自己主張を始めたりするようになります。

◉モノと一体になる感覚と楽しさ

このように、障害をもたない子も、自分と他者、自分と周りの世界がはっきり分かれていない未分化な状態に生きている時期があり、それは特に1歳半の発達の節以前では大きいと考えられます。そして、そういった未分化な時期には、自分と他者（人）や、自分と周りの世界（モノ）が一体になる感覚は、よく経験することだと思われます。ワロンという研究者は、それを融即《ゆうそく》と呼び注目してきました。[4] 自閉スペクトラム症児者のユニークさの一つは、この周りと一体になる感覚、そのなかでも特にモノと一体になる感覚が、年齢が上がっても容易に経験できるところにあると考えられるのです。

ところで人と一体になる感覚は、障害をもたない人の場合、大人でも似た経験はできます。映画館で映画を観た際、登場人物になった気分でドキドキしたり悲しくなったりするのはその一例です。しかし、それは映画館という閉じられた空間で、その人が感情移入しやすいストーリーであるといった限られた条件で生じます。このように、人と一体になる感覚は、障害をもたない大人でもある条件下であれば類似した経験ができます。しかし、モノと一体になる感覚は、障害をもたない人の場合、年齢が上がれば経験するのはもちろん、想像するのもかなり難しいものとなるのです。

さきほどふれた東田さんは、絵を描くことも好きです。ある番組[5)]で、彼は絵を描くときの気持ちをこう述べています。「絵の具で色を塗っているとき、僕は色そのものになります。…筆で色を塗っているのに、画用紙の上を自分が縦横無尽に駆け巡っている感覚に浸ります」。障害をもたない人の多くは、絵を描くのが楽しいというと、描く絵をイメージして完成させていくプロセスや、そのできあがりを見る瞬間の楽しさを想像します。しかし、東田さんにとっては、自分が色や絵の具そのものになって縦横無尽に走り回ることの楽しさも含まれているのです。

◉こだわりと楽しい世界

私が大学院生のとき、こだわりの激しい自閉スペクトラム症児に出会いました。彼は、園庭で水道の水に自分の手を当て、それが跳ねるのをずっと眺めていました。担当の先生から、今日は彼を任せると言われた日があります。一緒に関わりたいと思いながらも、彼の行動の意味がまったくわかりません。声をかけたり近くの砂場へ誘ったりしますが、視線も合わず反応がありません。結局「お部屋行こう」と強く誘うと、「イー！」と怒り座りこんで動かなくなる。その繰り返しでした。今から思えば額から汗が出るような未熟な働きかけです。結果、汗だくになりながらも万策つき、私自身つかれはてて彼の横に座り込んでしまいました。

夏の午後でしたが、ふと振り返ると、彼の手から跳ねる水しぶきの中に少し虹のようなものが見えたのです。私は思わず「きれい…」とつぶやきました。その瞬間、それまでなら視線も合わさず拒否し続けていた彼が、一瞬ですが私の顔を自分から見つめた（気がした）のです。客観的な根拠はありません。しかし、その瞬間、彼と少しだけ通じ合えた気がしたことを今でも強く覚えています。

これは、私の勝手な思い込みかもしれません。今回の話でいえば、彼は、水道から落ちて跳ね返る水滴（モノ）に彼自身が一体となり、そのリズミカルな動きを楽しんでいたのかもしれません。あるいは私たちには、ただ水が跳ねているという同じことの繰り返しが、彼には、水滴一粒一粒の形・大きさ・跳ね方のちがいを見分けることができるため、すべてちがう水滴を見続けても飽きることがなかったのかもしれません。[6]

答えを決めるつもりはありません。しかし、水が落ちるのを見つづける「こだわり」一つとっても、ユニークな楽しみという視点でみると別のとらえ方が生まれることを考えたかったのです。そして、内容はどうであれ、自分と同じ世界を楽しいと感じてくれる人は、自閉スペクトラム症児者にとってちょっと気になる存在になるのです。さきほどの彼が「きれい」と言った私をみつめた背景には、そういう思いがあったように思うのです。

近藤直子さんは、紐を振る「こだわり」の強い子を、こだわりではなく楽しんでいるととらえた実践を紹介されています。[7] 当初先生たちは頭でそう理解しようとしましたが、なかなか気持ちがついていかずしんどかったそうです。そんななか、紐を振るのをただ受け止めるのではなく、「新体操ごっこ」と命名し、先生も一緒に遊ぶようにされました。先生自身がそれを楽しいと感じるようになると、周りの子も一緒に遊びはじめ、実践が大きく動くきっかけになりました。

楽しさは感情が一番の要です。「楽しまなければならない」のではなく、一緒に「楽しむ」ことが重要なのです。紐ふりを「新体操ごっこ」と命名し、遊びにすることは、そのために大きな意味をもっていました。こういった実践的工夫が全国で積み上げられてきています。子どもと一緒に「楽しむ」ことは、それ自体が高度な専門性を必要とするものであり、それはこういった実践からていねいに学びとられるべきものなのです。

（1）東田直樹『跳びはねる思考―会話のできない自閉症の僕が考えていること』イースト・プレス、2014年。
（2）同右。
（3）NHKプライム11「ようこそ私の世界へ〝自閉症〟ドナ・ウィリアムズ」1995年8月26日放送。
（4）ワロン／浜田寿美男訳『身体・自我・社会』ミネルヴァ書房、1983年。
（5）DVD『君が僕の息子について教えてくれたこと』NHKエンタープライズ、2015年。
（6）ドナ・ウィリアムズ／門脇陽子・森田由美訳『ドナ・ウィリアムズの自閉症の豊かな世界』明石書店、2008年。
（7）近藤直子『〝ステキ〟をみつける保育・療育・子育て』全障研出版部、2015年。

第❺章 楽しく振り返ることのできる生活

◉楽しい「活動」をすればいい？

自閉スペクトラム症で、トランポリンやブランコなど、身体の揺れを感じる活動が好きなお子さんがいます。それを考慮して、全身を使った活動を生活のなかに組み込んでいる学校、施設があります。しかし、そういった活動を行うことが、そのまま子どもにとっての楽しさの保障につながるわけではありません。例えば、その活動を一日のどこに位置づけるのか、あるいはどの程度のダイナミックさで、どの程度の時間を保障するのかなどによって、その意味合いはまったく変わってしまうことがあるからです。

ある就学前の通園施設は、地方にあるからか、運動場を含めた敷地も比較的大きいところでした。そこでは朝、通園バスから降りてすぐ、子どもたちはそれぞれ好きな場所へ行き、1時間くらい自由遊びをします。トランポリンが好きな子は1時間、トランポリンで跳ぶ。その後、朝の会が始まります。毎日その生活リズムが続くと、当初通園バスを降りるときに怒っていた子が、すっと降りトランポリンに走っていくようになります。1時間くらい活動できると楽しかった感覚を味わえるからでしょうか。数ヵ月経つと、落ち着きのないお子さんも、朝の会に比較的スムーズに入れるようになっていきます。

一方、ある特別支援学校では、登校直後に少しだけ自由遊びがありますが、すぐ着替え、朝の会に移ります。そして、その後メインの活動で身体を使った活動（サーキット活動やトランポリン）をします。しかし、子どもにとっては、朝の最初から「着替えをしなければいけない」「いすに座らなければいけない」ことが続くからでしょうか、本当は好きなトランポリンのはずなのに、それがあるプレイルームへなかなか行けないことがありました。

自閉スペクトラム症児者の好きな活動を大切にするという意味では、どちらも同じようにみえます。しかし、子どもの受け取り方は大きくちがうようです。それは、以前から生活の教育的組織化と言われてきた空間、時間、集団をどうつくりあげるかという点とも関連する問題なのだと思います。今回はそのなかの時間に視点を当て、さきほどの点を考えてみます。

◉場面の切り替え

これについて、浜谷直人さんが、場面の切り替えという切り口から興味深い仮説を出されています。[1)] 近年、例えば遊びがやめられず給食に切り替えられない子に対し、給食の絵カードを見せて働きかけることが推奨されたりします。切り替えにくさの背景に、次の場面の見通しの弱さがあると考えるためでしょう。一口に切り替えにくさといっても原因は多様です。ですから、見通しの弱さがその一因である場合もありますが、それがすべてではないはずです。見通しが嫌な内容である場合、例えば偏食の強い子にとっての給食は、見通しがもてているからこそ拒否したくなります。大切なのは、子どもが次の活動に「切り替えようかな」と主体的に納得して思えることなのです。ここで紹介する浜谷直人さんの仮説は、活動の盛り上がり、盛り下がりを含めたその子の心理的時間の流れをとらえることで、主体的に切り替えようとする心の動きのメカニズムを検討しようとしたものです。

図をもとに説明します。子どもは、最初から盛り上がって遊ぶのではなく、遊んでいくなかで楽しさをだんだん感じ、盛り上がっていきます（図A地点）。そして盛り上がりはあるところでピーク（B地点）となり、その後やや急速に盛り下がっていくことになります。

この流れのなかで、子どもが切り替えを受け止めやすいところがあるというのです。A地点はまだ盛り上がっている途中です。そこで先生が「もうおしまい、○○（次の活動）に行こう」と言われれば「いや！」「もっとやりたい！」と思うのはある意味当然です。逆にとことん盛り下がったD地点で「おしまい」と言われても、子どもはつかれたり飽きすぎていて、次の活動に移りにくくなります。この仮説では、Cゾーン（一定の幅があるので、地点ではなくゾーンとされています）のところ、まだ楽しいけどピークは少しすぎたあたりであれば、無理なく切り替える気持ちになりやすいと考えるのです。

◉過去を楽しく振り返り、未来を期待する

それでは、なぜCゾーンでは切り替える気持ちになりやすいのでしょうか。まず一番大切なのは、B地点での楽しさのピークを味わった満足感です。加えて、D地点にはまだ至っていないので、活動の退屈さ、つかれよりまだ楽しさが上回っています。それがピーク時を思い出し「この遊び、楽しかったなあ」と振り返ることを可能にします。この過去を楽しく振り返ることが、活動の楽しさは盛り下がっても、心理的な楽しさをもう一度じん

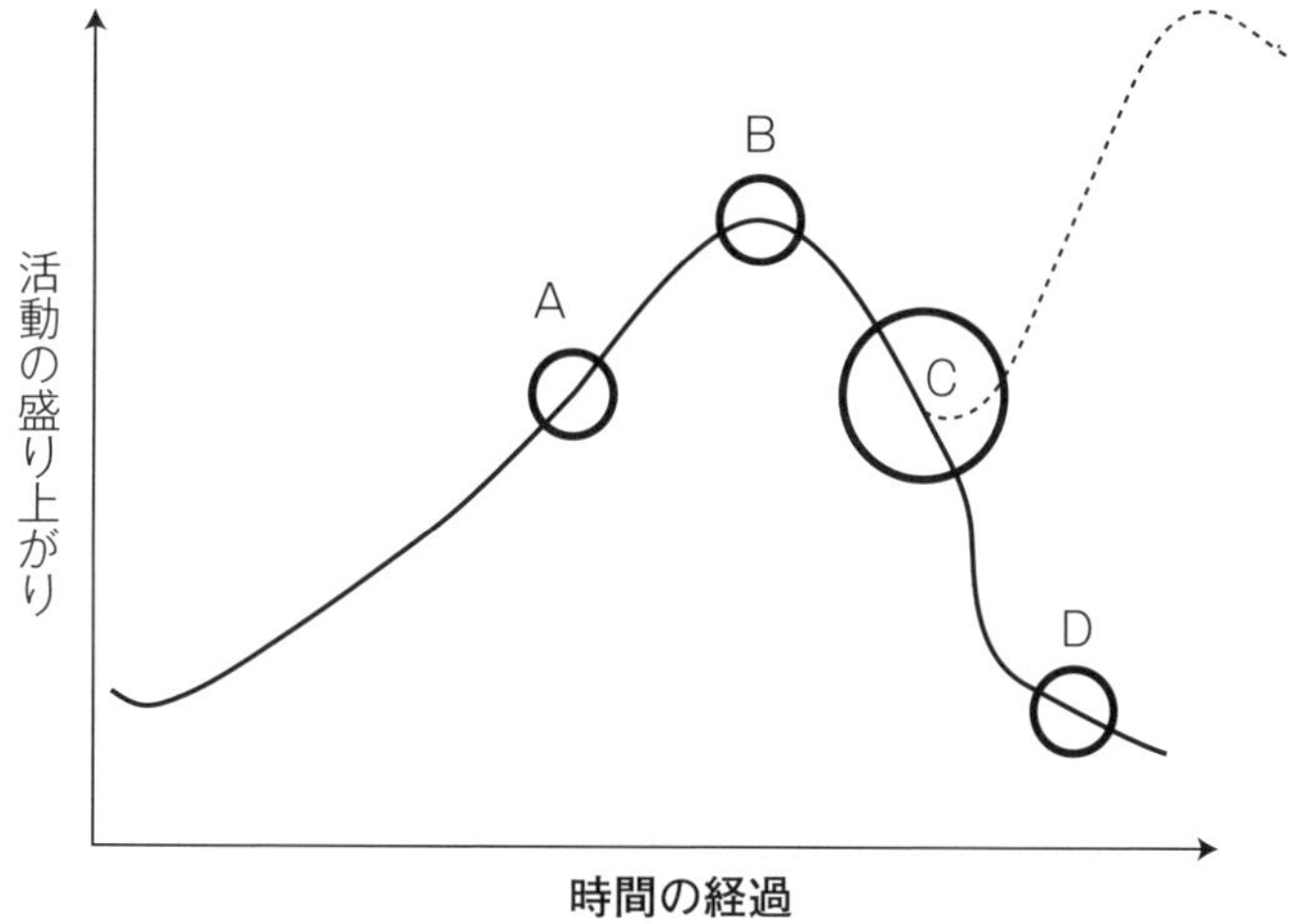

わり盛り上げる力になります。
　Cゾーンではこのように、過去を振り返ることによる楽しい心理的時間の流れがつくりやすいのです。それが切り替えを主体的に受け止め、次の活動に移っていく心の動きを可能にします。過去を楽しく振り返る力はその後に「明日もこの遊びしたい」という未来を期待する力を生み出します。見通しは、次にやることとの認知的な理解だけでなく、感情を伴うものです。療育や教育でまず最初に獲得させたい見通しは、過去を楽しく振り返り未来を期待するといったポジティブな感情を伴ったものだと思うのです。

●楽しい心理的時間の流れ──朝一番の活動、切り替えのゆとり

これをもとに、最初に紹介した通園施設と学校のちがいを考えてみましょう。朝の自由遊びを十分とっていた通園施設では、自閉スペクトラム症児は十二分に遊んだ後で朝の会に入ります。これは子どもにとって朝の会に移る時間帯が図のCゾーンであることを予想させます。一方、朝の自由遊びが十分保障できなかった学校では、A地点で嫌な次の課題（着替え）に切り替えさせることが生活の最初で続きます。その不満や怒りが、本来好きなトランポリンに対しても切り替えをしにくくさせたのかもしれません。このように、登園（登校）直後の朝一番の活動をどうとらえ保障するかは、子どもの一日の楽しい心理的時間の流れをつくるためには、とても重要です。朝一番に楽しい心理的時間の流れがつくられると、それは次の活動にも影響することになるからです（図の点線部分）。

あわせて切り替えのゆとりも重要です。同じCゾーンであっても、「もうおしまい」とする、幅のない切り替えは、大人の指示に従うことを子どもに強いかねません。子ども自らが「次の活動にいこうかな」と思う力を育むためには、子どもが主体的に切り替えることが大切であり、そのためには大人がそれを待つゆとり（時間の幅）が必要なのです。

◉一緒に楽しんでくれる人

自閉スペクトラム症児者の場合、まず楽しい活動を見つけて盛り上がりをつくること自体が難しいときがあります。楽しい活動については、前回までふれたように、当事者や家族のお話をていねいに聞くなかにヒントがたくさん隠されています。また、自閉スペクトラム症児者は､楽しいという表現自体がユニークなときがあります。特に笑顔でもないが、繰り返しても嫌そうでもない活動は、楽しめる要素をもっている可能性があります。言葉にならない子どもの態度や身体の緊張、視線の動きなどをていねいにとらえることで、「子どもに尋ねる」[2)]姿勢が大切になります。

一方、好きな活動（例えばトランポリン）はわかるが、やりだすとテンションが上がりっぱなしでなかなか盛り下がらない、という悩みを聞くこともあります。個人差はありますが、自閉スペクトラム症児者にとって図のB地点がかなり上の方にあり、そこへ至る時間がかなり長く必要な人があります。一方、一人だとなかなか盛り下がらないのに、前に取り上げた好きな人や支えとなる人と一緒に楽しむと、B地点に比較的早く到達できることがあります。人と一緒に楽しめることで、楽しさが倍増するからなのかもしれません。

自閉スペクトラム症児者の好きな世界を一緒に楽しむ大人は、Cゾーンになるとその好きな世界を振り返り、「トランポリン、楽しかったねえ」と笑顔で声をかけます。自閉スペクトラム症児者はそういった共感的な働きかけにより、「楽しかったなあ」と楽しく過去を振り返る力を育てることができるのです。図にある流れは、子どもが一人でつくるものではなく、他者と一緒になって確かな意味をもちます。そしてその他者が仲間にまで広がれば、その意味は一層深く強いものになっていくのでしょう。

◉関係論的視点と活動論的視点

木下孝司さんは、人との関係のあり方に焦点をあてた関係論的視点と、生活や活動のあり様を問題にする活動論的視点があると指摘します[3)]。今回は活動論的視点のなかで、特に時間の問題を取り上げました。そして、それがめざすのは、子ども自身に楽しい心理学的時間をつくるためであることを確認しました。活動論的視点でいえば時間以外にも、空間、集団などていねいに吟味する必要があることはたくさんあります。併せて活動論的視点の吟味は、それを保障する条件整備の課題と切り結びます。例えば楽しめる遊びがそれぞれ異なるため、朝一番の自由遊びの保障には、一人ひとりに寄り添える大人の一定の人数が必要となります。活動論的視点を、例えば時計を見せて「何時何分におしまい」かを伝えるといったハウツー的な技術にとどめるのではなく、最初にふれた生活の教育的組織化という視点でとらえなおし実践を再構築することが求められているのです。

（1）浜谷直人・江藤咲愛『場面の切り替えから保育を見直す―遊びこむ実践で仲間意識が育つ』新読書社、2015年。
（2）茂木俊彦『子どもに学んで語りあう』全障研出版部、2012年。
（3）木下孝司『「気になる子」が変わるとき』かもがわ出版、2018年。

第6章 ユニークな心の理解

◉「理解できぬ世界は悪か――私たちと彼ら、線引きする社会で」

これは、映画『万引き家族』について、作家の角田光代さんが寄稿した記事の題名です。[1] そこに以下の文章があります。「理解できないものを、世の中の人はいちばんこわがる。理解するために、彼らを…カテゴリーに押し込める。…そうして名付け、カテゴライズすることによって、世のなかの人々は安心するのだし、自分とは関係のないことだと信じられる」（傍点筆者）。

この記事は、映画やそのテーマである家族を題材にしたものです。一方、本著で考えてきた自閉スペクトラム症児者の、周囲の人からみると不思議だったり、なぜそうするのかわからないと言われる言動も、この「理解できないもの」と同じ扱いを受けやすいように思います。自閉スペクトラム症児者が、状況や相手の気持ちとずれた言動をし、トラブルになることがあります。会話はできるし、知的な問題もないのに、なぜこんな簡単なこと(例えば、相手が嫌がっていると察すること)ができないのか「理解できない」。その居心地の悪さを解消するためには、自閉スペクトラム症を相手の心を読む能力に障害がある(代表例が「心の理論」欠損仮説)とカテゴリーに押し込め「理解でき」るようにすることは、とても便利だからです。

一方、近年の研究は、心の理解そのものにいろいろなタイプ(スタイル)があり、自閉スペクトラム症児者はそのすべてに障害をもつのではないこともわかってきました。本章ではこの問題について考えます。

◉元素記号の世界

知的な遅れはない自閉スペクトラム症のシオリさん。彼女は、化学が大好き。中学3年生の頃、家で黙々となにかを書いていると思っていたら、それは元素記号でした。紙1枚に元素記号1個をあてがい、それぞれキャラクターをつくり、人物画、性格、得手不得手、家族構成、成育史などストーリーを書き込みます。最終的にそれは、スケッチブック3冊にまでなりました。

そんな頃、お母さんが学校の先生から電話を受けます。それはシオリさんがある女子に毎日昼休み、元素記号の話を延々と続け、相手の子が困っているという内容でした。相手の子はそれを避けようと、昼食後図書館に行きます。ところがシオリさんは、お弁当を図書館前の砂ぼこり舞う通路で一人で食べ、図書館で彼女を待ち受けるようになりました。先生によるとシオリさんは、最初はほかの子たちにも元素記号の話をしたそうです。しかし、はっきり「その話、嫌」と言った子には話さなくなりました。先生に相談したのは、そう思っても面と向かって言えないおとなしい子だということでした。

シオリさんは、小学校の頃から自分の好きな話題になると、相手が嫌がっていても延々同じ話を続けることはありました。それでよく「うるさい！」と言われます。しかし、また翌日には同じ子に話しかけ、よくトラブルになりました。今回（中学3年生）も相手が嫌がっているのを察せず、同じ話を繰り返す点は小学校時代と同じかもしれません。しかし、「嫌だ」といった子に繰り返さなくなったのは、明らかにちがうとも感じたのです。

◉二つの心の理解

相手の心の理解には、はっきり言われなくても相手の様子や態度から察して理解するものがあります。一方、「こういう場合にこうすると、相手は嫌だ」など、言葉でルール化して教えてもらってわかるものもあります。前者を、理由は言えないがなんとなくわかる心の理解ということで、直観的心理化（心を理解する能力を心理化と呼びます）、後者を、言語でルール化でき理由を述べることができる心の理解ということで、命題的心理化と呼んでおきます[2)]。心の理解には、少なくともこの二つのタイプがあると考えられるのです。

シオリさんは、相手の雰囲気から心を感じる直観的心理化がうまく理解できません。一方、嫌だとはっきり言う子に同じ話を繰り返さない姿は、命題的心理化は理解できることを示しています。このように自閉スペクトラム症児者は、命題的心理化は形成できるが、直観的心理化に弱さをもつという特徴をもっている人が多いと考えられています（図）。

◉心の理解の発達

それでは障害をもたない人は、この二つの心の理解をどのように獲得していくのでしょ

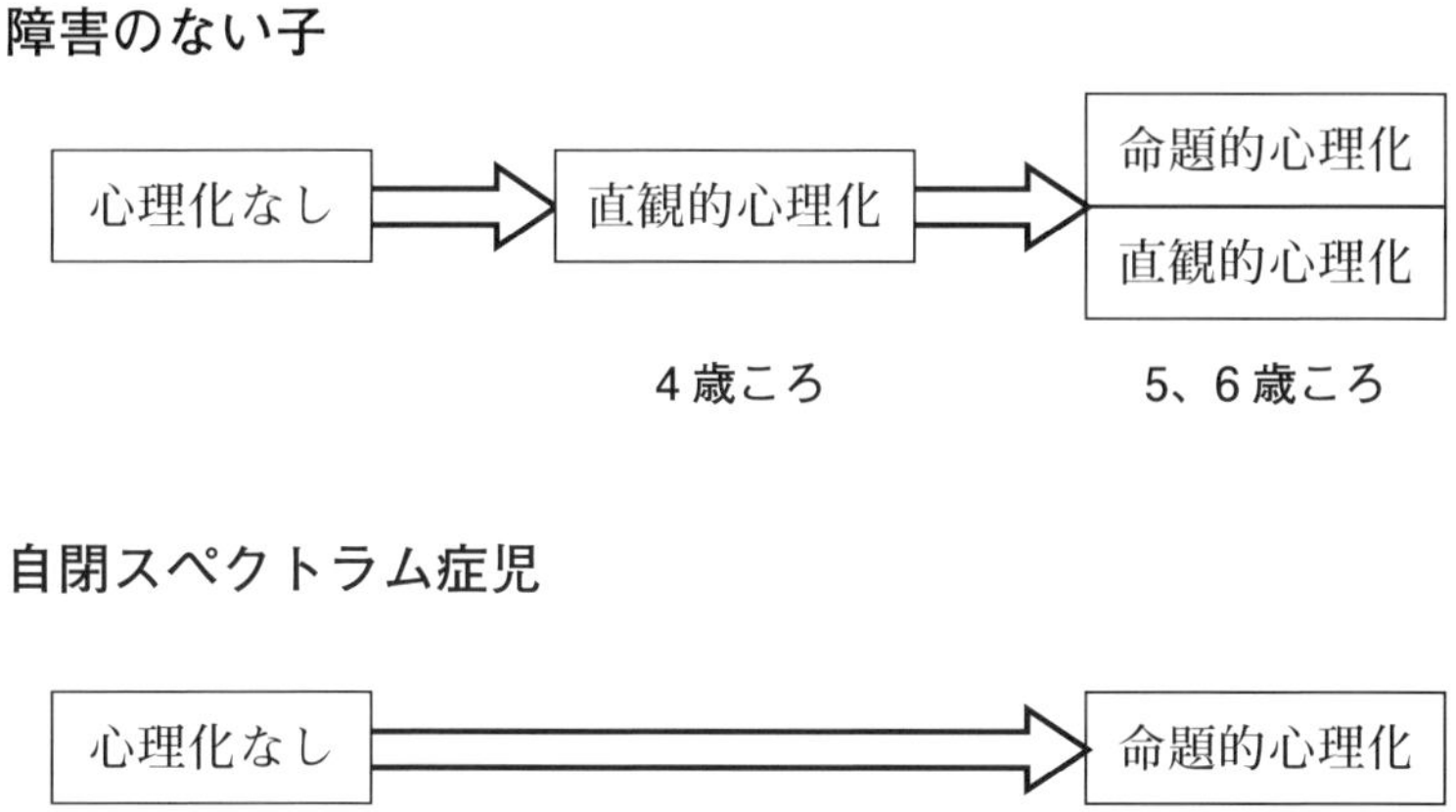

う。個人的な経験で恐縮ですが、以前保育所におじゃましたときのことです。４歳の子がお花でなにかを作っていました。私が「きれいだね」と言うと、その子はにこっと笑い作ったものの一つを差し出し、「おじいちゃん、あげる」と言いました。そのとき私はそう言われてもおかしくない年齢だったのですが、「おじいちゃん」という言葉になぜかひっかかり「えっ！」という顔をしたようです。その子はそれを見てすぐ笑顔が真顔になり、「おじちゃん、これあげる」と言い直しました。子どもの笑顔を引っ込めてしまった自分をとても情けなく思うとともに、

こんな一瞬の表情で私の気持ちを察して言い直す4歳児ってすごいなあ、と感じたエピソードです。

これは、雰囲気で相手の気持ちを察する直観的心理化です。障害のない子は遅くとも4歳頃には直観的心理化を獲得します。一方、命題的心理化を獲得するのはその少し後（5、6歳頃）です。子どもはその頃、鬼ごっこなどのルールのある遊びで、遊びをおもしろくするためにルールを自分で考え、つくるようになります。[3] ルールをつくる力ができると、例えば「お友だちが物を貸してくれたら『ありがとう』って言うと、お友だち、うれしいね」という言葉による命題でルール化された命題的心理化も理解しやすくなるのです。

障害のない子は、命題的心理化を獲得した後も直観的心理化はもち続けます。直観的心理化は雰囲気で察する力ですので、ある意味、空気を読む力ともいえます。空気を読む力は、命題的心理化を獲得した後でも十分必要なものだからです（現在の日本は、空気を読むことが過剰に求められすぎている点が大きな問題でもあります）。

◉二つの心の理解のずれ

自閉スペクトラム症児者のこういったユニークな心の理解は、それを周りに理解されないとき、さまざまなトラブルにつながってしまいます。

自閉スペクトラム症のタカ君は、人から物を借りてもそのまま相手を無視してケンカになることがありました。それが小学5年生の頃、「友だちが物を貸してくれたら『ありがとう』って言うと、友だちはうれしい」と言われることが理解できるようになったのか、相手に「ありがとう」と言えるようになりました。命題的心理化を獲得したのです。ところがそんなある日、後ろの席の子が隣の子に物を借りる場面がありました。その子たちは仲良しで、言わなくても目線と笑顔でコミュニケーションは成立したようでした。ところがそこでタカ君が、借りてもなにも言わない子に「『ありがとう』って言わなきゃだめでしょ！」と激しく怒り出したのです。

怒られた子同士は命題的心理化はわかっていました。でも、その場の二人はあえて言葉にしなくても大丈夫という空気を互いに察知していました。すなわち直観的心理化で、命題的心理化（「借してくれた人にありがとう」と言う）を使わないようにしたのだと思います。障害のない人はこのように、命題的心理化をもちつつ、しかし、それを今・この場で使うかどうかは直観的心理化で判断します。自閉スペクトラム症児者は直観的心理化が弱いため、命題的心理化をどんな状況でも使うべきと思い込みやすいのです。タカ君の怒りには、このような理解のずれがあったと思うのです。

加えてこうした理解のずれは、難しいこと（命題的心理化）はわかるのに、なぜ空気を読むなんていう簡単なこと（直観的心理化）ができないのか、という周囲のとまどいや怒りを生みだしやすくします。また、決してあってはいけないことですが、周りがそれを悪用することもあります。例えばタカ君に「ありがとう」と言わず物の貸し借りの場面をあえて見せて彼を怒らせることなどです。指導すべきなのは周りの子なのに、ユニークな心の理解をわかっていないと、本来被害者であるタカ君が注意されてしまう（例えば「そんなこと、怒ることじゃないでしょ！」）ことがあるのです。

◉「なぜ」を考え続ける

この章では自閉スペクトラム症児者のユニークな心の理解を、二つの心の理解のずれを手がかりに考えました。自閉スペクトラム症児者は相手の心がまったく理解できないというのは誤解です。そして最も必要なのは、関わる側がそのユニークなあり方をていねいに理解することなのです。さらにこのユニークさはもっと踏み込んで考えなければいけません。例えば、自閉スペクトラム症児者で、相手の雰囲気（不安、怒りなど）にとても敏感な人がいます。そうすると彼・彼女らは直観的心理化に障害があると言い切ることは正しいのか？　次章はそういったことについても考えてみたいと思っています。

最初に引用した記事の別の文章です。「よく理解できないこと、理解したくないことに線引きをしカテゴライズするということは、ときに、ものごとを一面化させる。その一面の裏に、側面に、奥に何があるのか、考えることを放棄させる」。

大切なのは、目の前の自閉スペクトラム症児者が「なぜ」そうするのか、関わる側が考えることを放棄しない、すなわち常に考え続けることなのでしょう。そのための手がかりを、優れた実践と研究から紡ぎだし、みなさんと共有したいと思っています。

（1）『朝日新聞』2018年6月8日。
（2）別府哲「自閉症スペクトラムの機能連関、発達連関による理解と支援：他者の心の理解に焦点をあてて」『障害者問題研究』42巻2号、11－19頁、2014年。
（3）加用文男『子ども心と秋の空』ひとなる書房、1990年。

第7章 直観的心理化のユニークさ

◉二つの心の理解

前章では、人が相手の心を理解する際には少なくとも二つのやり方があることを取り上げました。一つは、なんとなく相手の気持ちを理解する直観的心理化、二つは、言語で理由を述べることができる命題的心理化です。そして、障害のない子は直観的心理化を4歳頃、それに加えて命題的心理化を5～6歳頃に獲得します（図の上段）。それに対し自閉スペクトラム症児は、直観的心理化に弱さを抱えたまま命題的心理化のみを獲得するユニークさがあることを考えてきました。

ところで直観的心理化とは、相手や状況から心を感じるもので、空気を読むことと似ています。自閉スペクトラム症児者が周りの人とうまくコミュニケーションがとれない要因に、この空気が読めないことがあるとよく言われます。一方で実際に自閉スペクトラム症児者と関わると、彼・彼女らがちゃんと空気を読んでいると感じられるエピソードに出会うことも少なくないように思うのです。今回はこのことの意味について二つの点から、考えてみたいと思います。

◉空気を読んでいる？

一つは、自閉スペクトラム症児者が障害のない人の気持ちをさっと読んでいるように思えるエピソードについてです。

例えば自閉スペクトラム症児者が、日常的な会話はうまくできないが時々ふと場面にあった言葉を言うときがあります。ある自閉スペクトラム症の青年は、中学生の妹が高校の進路で悩み「どうしたらいいかな」とつぶやいたとき、こう言ったそうです。「お前は、お前の道を行け」。[1] 私が相談に乗っている子は中学部のとき、夜眠れないとアパートの屋上で走りまわっていました。お母さんが「もう下りようね」と声をかけても「キャー！」

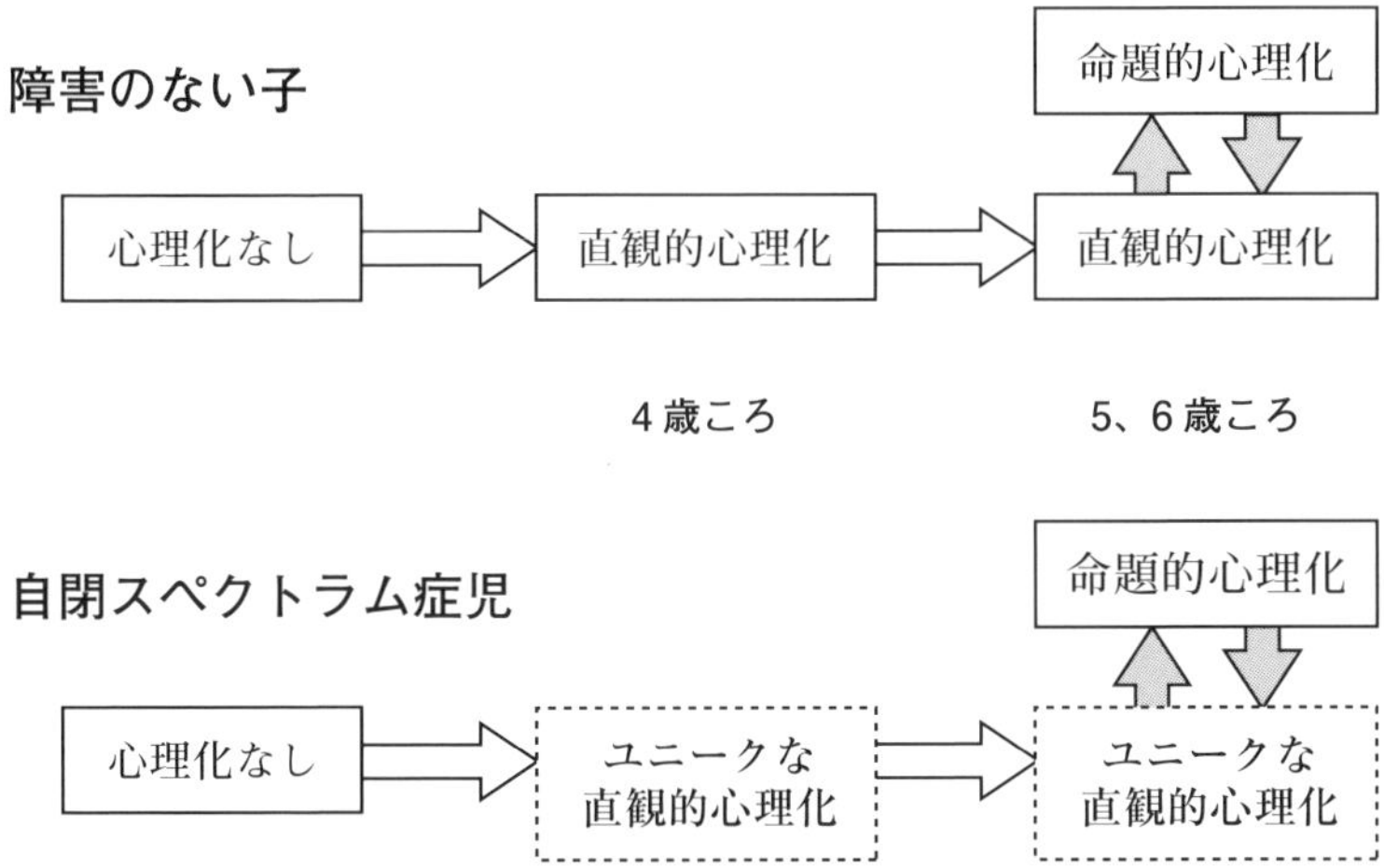

と叫び続けるだけです。困り果ててもう一度声をかけると、彼は空を見上げて突然こう言いました。「そのうち下りるさ！」。場面にぴったりの言葉で、思わずお母さんは笑ってしまいました。すると場の緊張がとけたからか、彼はその後実際に下りてきたということをお聞きしました。

これは彼らが好きだったアニメやコマーシャルのセリフで、反響言語（オウム返し）かもしれません。一方、自閉スペクトラム症児者の反響言語はただ音の模倣ではなく、彼・彼女なりの伝えたい意味をそれぞれにもっていると考えられています。[2] そして、この言葉をその場でチョイスしたのは、彼・彼女らが状況や相手の雰囲気を自分なりに察したからであることも十分に予想されることなのです。

また、言葉をもたない場合も含め自閉スペクトラム症児者は、相手の不安、不快、怒りといったネガティブな情動にとても敏感な人が多いと感じます。実際、自閉スペクトラム症児者のご両親からは、自分（ご両親）がちょっと不安になったりイライラするとすぐそれが子どもに伝わってしまい、泣いたり不機嫌になるというお話をこれまでよく聞いてきました。

これは、周りの人の情動（例えば悲しみ）が伝わり自分も同じ情動になってしまう情動伝染です。障害のない子は、これが生後2、3ヵ月頃からみられる一方で、1歳半頃までには、その情動をコントロールする（例えば泣かずに相手を慰める）力も獲得します。これは子どもが、自分に伝染した情動（例えば悲しみ）を表出（例えば泣く）し、それを周りの人（例えば両親）に受け止め調整してもらう（例えば慰めてもらう）経験の積み重ねによって次第に可能になります。周りの人に、情動の調整の仕方を教えてもらうといってもいいでしょう。

一方、自閉スペクトラム症児者は、ネガティブな情動の表出が激しすぎたり（例えばパニック）、あるいはユニークな表出になるため、周りの人がそれと理解しにくく、結果として調整してもらう経験をつくりにくいのです。そのことが情動伝染に巻き込まれると、ただそれに圧倒されコントロールできない状況をつくりやすいのかもしれません。いずれにしても自閉スペクトラム症児者の多くは、他者の、特にネガティブな情動を敏感に感じ取る力はもっていると考えられるのです。

◉自閉スペクトラム症児者同士で空気を読み合う

二つは、自閉スペクトラム症児者同士で空気を読み合っていると感じられるエピソードです。以前、知的に遅れのない自閉スペクトラム症児者のピアサポートのグループに関わっていたときのことです[3)]。ある男性が成人のお祝いの会で次のように自己紹介しました。「僕は大のタイガースファンです。ですから今年は僕にとって、あらたなスタートラインです」。私も野球が好きなので話が合うと感じました。

ところがその場におられた彼らのお母さんの一人が私にこう言われたのです。「彼の言いたいのは野球じゃない、ギャグなんです」。私が「え?」と聞き返すと、お母さんは次のように説明されました。「彼は『僕は大のタイガースファン』って言ったでしょ、タイガーはトラ、だからここは『僕はトラです』と言いたかったんです。それで全部つなげると、『僕はトラです。ですから今年は僕にとってのスタートラインです』。この『トラ』つながりがギャグなんです」。

この説明も驚きましたが、さらにこれが強く印象に残っているのは、次の出来事でした。私は、彼の自己紹介を聞いている自閉スペクトラム症児者のなかで、二人の男の子が笑っていたことを思い出しました。それで、その二人にその後なんの説明もせず、「彼の自己紹介、おもしろかった?」と聞いてみました。すると二人は即座に、「そりゃ、トラトラトラでしょ!」と答えてくれたのです。

彼らは、説明により命題的心理化で理解した私とちがい、自己紹介した人の伝えたかった笑いのツボを直観的心理化で感じ取っていたのです。場の雰囲気を察知し、笑い合うためには、空気を読むことが必須です。その意味で、自己紹介した彼と笑った二人は、その瞬間に空気を読み合っていたのでしょう。そして、その場で一番空気を読めなかったのは、ほかならぬ私自身であることを強く感じさせられたのです。

このことは、自閉スペクトラム症児者も、空気を読む直観的心理化をもっていることを示唆しています。しかし、それが障害のない人とは異なるユニークなものであるため、障害のない人を基準に考えると「ない」と誤解されてきたと考えられるのです(図の下段)。

◉ユニークな直観的心理化を共有する

そうであれば、そのユニークな直観的心理化を、関わる人が理解し、共有することが大切になります。ユニークな直観的心理化については、今後もっと深められるべき課題であることを踏まえつつ、共有する際に重要なことを二点だけ考えます。

一つはこれまでも何回か述べてきた、彼・彼女らのユニークな楽しい世界を知ることです。笑いのツボを共有することは、その内容、タイミングを含め空気を読むことで可能になります。ある特別支援学級の子で、わけのわからないことをぶつぶつ言う子がいました。レコーダーで録音し、文字化してもらうと、それは「うそいたえまりたあ」でした。担任はセンスがいい方で、意味がわからず悩んでいた私にこう言いました。「これ、逆さ言葉です」。「うそいたえまりたあ」は反対から読むと「あたりまえたいそう」＝「あたりまえ体操」。数年前漫才コンビが流行らせたギャグでした。彼はその動画を家で何度も観ていることがわかりました。それから先生が彼と一緒にその逆さ言葉を言うと、楽しい空気を読んでくれる人として先生をとらえたからでしょうか、にたっと先生を見つめることができたと教えていただきました[4]。

二つは、楽しい世界を知ることが、その子の悲しみをつかむことにつながるということです。先ほどの彼のクラスで、避難訓練がありました。予定の変更を知らされず不安だったのでしょう。彼は耳をおさえて眉間にしわを寄せていました。近づくと彼は「うそいたえまりたあ」を繰り返し言っていました。先生は彼が好きな世界を思い出して不安を抑えようとしていると感じたので、一緒に「うそいたえまりたあ」と言います。支援学級の他の二人にも「〝うそいたえまりたあ〟って言って」。４人でその言葉を言い続けると、その日は壁をけったり物を壊すことなく過ごせたそうです。

先生はその経験から、今までのことをとても反省されました。これまで予定の変更で物を壊したときも、彼はぶつぶつ（当時の先生にとっては）〝わけのわからない〟ことを言っていました。その際先生は「大丈夫」と励ますことしかできず、結果として彼を暴れさせてしまいました。しかし、それは激しい不安のなかで楽しい世界を思い出し、自分をコントロールしようと必死でがんばっていた姿だったのです。彼は暴れた後、部屋の隅で泣くことがありました。楽しい世界を共有できたからこそ、そのとき彼が必死でがんばろうとしたのにできなかった、悲しみが本当に深く心に響いたとお聞きしました。

障害のない人の場合、直観的心理化は他の人と共有しやすく、その積み重ねが内容を確かなものとします。そして、自分の直観的心理化を確立することが、他者の直観的心理化を感じる土台になります。自閉スペクトラム症児者の場合、直観的心理化がユニークであるため他者に共有される体験をとてももちにくいのです。共有体験の保障は、互いの心の理解のとても大切な土台なのです。

（1）荻原君江「寄り道ができるようになった自閉症の息子の子育て」全障研第52回全国大会（埼玉）レポート集、218‐219頁、2018年。

（2）別府哲「第2章　自閉症と広汎性発達障害」西村辧作（編）『ことばの障害入門』大修館書店、31‐52頁、2001年。

（3）このエピソードは、下記で取り上げた。別府哲「自閉症児者の他者とかかわる心の理解と発達」『発達』第144号、39‐44頁、2015年。

（4）このエピソードは、（3）の文献で取り上げた。

第❽章 子ども同士の共有体験をつくる

◉ユウタさんの転校初日

自閉スペクトラム症児者の心の理解を考える際、ユニークな直観的心理化を含め、他者にわかってもらえる共有体験が重要であることを考えてきました。現場からは、大人が一対一で関わる場面があればまだ可能だが、集団のなかで、子ども同士で共有体験をつくるのはイメージがわかないと言われるときがあります。知的に遅れのない自閉スペクトラム症児の多くは通常学級におり、これは実践的にも重要な課題です。

この章では、刊行されている実践（今関和子「ユウタの恋−ＡＤＨＤ、高機能自閉症が疑われる子どもとの〝出会い直し〟」大和久勝・編著『困った子は困っている子』クリエイツかもがわ）を取り上げ、この問題を考えてみたいと思います。

ユウタさんは、２学期に転校してきた小学校1年生です。初日、先生はみんなに紹介しようとしますが、彼は動きまわり教室の前にいません。そこで先生はみんなに尋ねます。「ユウタさんはどこから来たでしょう」。ある子が「北海道！」と答えると、それを合図に彼は教室の前に戻ります。そして、その子を指さし「ブッブー！　ちがいますね」。先生が「ユウタさんはどこから来たの？」と質問すると、「えっとねえ…」と話しますが、今度は話が止まらなくなり周りは困ってしまいます。

その後、みんなが先生に連絡帳を出そうと並んでいると、彼は列を無視して差し出します。「割り込みはいけないんだよ」と言われると彼は「いいんだ、おれが一番だ！」と言い返します。周りは静まり返りますが、そこで太郎さんがこう言います。「俺と同じ、『ワリコミノジュツ』だ」。1学期よく列に割り込んでいた彼に先生は「ワリコミノジュツ使ったな」と言っていたのでしょう。その言葉でみんなが少しほっとした顔になります。そこで先生は「ユウタさんは1学期いなかったから、これからいろいろ覚えていってもらおうね」と言います。しかし、そこでユウタさんはきっとした顔でこう答えるのです。「それはできない！」。

ユウタさんはほかにも、いすに座らない、興味があるとしゃべり出して止まらない、意に沿わないとパンチする、などがあり、毎日クラスが大騒ぎになります。

◉「ユウタさんだけ、ずるい！」

ユウタさんは、連絡帳を先生に渡したいと思ったら並んでいる列に強引に割り込みます。このように、周りの思いと関係なく自分の思い通りに物事を進めようとし、そうできないと怒り出すことがよくありました。こういった姿は自閉スペクトラム症にみられるものであり、その要因の一つに、人の心がうまくわからないことも関係すると考えられています。

こういったときの支援のやり方は、近年いろいろな工夫がなされています。一方、それでも支援で困ることのなかに、自閉スペクトラム症児のねがいとみんなのねがいの対立があります。例えばユウタさんにみんなと同じことを要求するなら、1時間中ちゃんと座るようにさせることになります。しかし、それは彼にとって大きなストレスで、それが彼をパニックにさせてしまうこともあります。そうとらえ、座らないこと（立ち歩き）は当面、大目にみようとする先生もいます。しかし、そうすると、みんなから「ユウタさんだけずるい！」と声が出るかもしれません。ユウタさんの思いもみんなの思いも大切にしたい。だからこそ、実践する方がとても悩むのです。

ユウタさんが立ち歩いていい時間とそうではない時間をつくるといった、折衷案で対応する方法もあります。しかし、それでは両者とも「我慢させられた」思いが残り、本当に「自分の思いを認められた」気持ちになれません。そのため折衷案をどこまで譲歩しても、みんなの「ずるい」という思いは消えないのです。今関先生の実践はそうではなく、自然にまかせていては対立したままになる両者が、共通する思い（ねがい）をもてる経験を大人が意図的につくりだすことに全力を注ぎます。いいかえれば、共有体験を大人がつくるのです。

◉周りの子が、自分の姿とユウタさんの姿を重ね合わせる

今関先生はその一つとして、周りの子が自分の姿にユウタさんの姿を重ね合わせる言葉かけを大切にされました。

ユウタさんは「いや！」と言いだすと石のようにかたくなで、手のかかるユリカさんを気にいります。ユリカさんもそれはまんざらではない様子です。ある日ユウタさんが「いやだ！」と騒ぎ出したとき、先生はユリカさんにこう言います。「ねえユリカさん、誰かに似てない？」。ユリカさんは自分だと思ったのでしょう。照れたように口に手をあてて笑います。それを見てみんなも笑いだす。そんな場面を先生は意図的につくりだします。

先生はこの時期、1学期のみんなの話をよくしました。ユウタさんが順番を守れないときは、太郎さんの1学期の「ワリコミノジュツ」、ユウタさんが謝れないときは1学期、注意されると先生をにらんでいたマサルさんのことを話します。そんな話題になると先生もみんなも「ちょっと愉快な気分になった」とあります。そしてそういう話の最後に先生が必ず付け加えたのが次の言葉です。「ユウタさんの9月はみんなの4月なんだね」。

みんなは「先生はユウタさんのことばかり話す」と不満には思わなかったと思います。みんなが「ちょっと愉快になった」のは、この話を通して自分を認めてもらっている喜びを感じたからだと考えるからです。太郎さんはこの話題が出るたびに「そうそう僕、1学期ワリコミノジュツ使ったよね。でも2学期はやらなくなった。先生、それ知っているからここでそう言うんだね」という気持ちだったように思うのです。

◉異質な他者のなかに自分を見つける

認められる喜びが、みんなのなかに変化を生み出します。転校当初は、ユウタさんがほかのクラスだったらよかったのに、と思った子もいたかもしれません。しかし、次第に「ユウタさんは確かにユニーク（異質）。でもユウタさんと私、同じところもある」と思う子がでてきます。太郎さんは、割り込むユウタさんを1学期の僕と一緒だと思ったでしょう。

ユリカさんは泣き叫ぶユウタさんをみて、私と似ていると感じたのかもしれません。

そしてここで一番大切なことは「あなたの1学期の姿とユウタさんの今は同じ」と大人が教えこんだり、共感「させた」のではないことです。そうではなく、子どもたちは先生が笑いながらみんなの1学期の「武勇伝」を語るなかで、納得しながら自発的にユウタさんの思いに共感していったのです。これが実践を展開させる力になります。

自閉スペクトラム症児者は乳幼児期から、他者の心「を」わかることは強く求められるが、他者「に」自分の思いをわかってもらえる体験はとても少ないことは繰り返し述べてきました。だからこそ、強制ではなく自発的に他者「に」わかってもらえた体験は、本当にうれしいのだと思います。それが自閉スペクトラム症児者の心のなかに、わかってくれた他者と一緒に活動したいねがいを生み出し、嫌なことでも、みんなの気持ちに合わせてがんばりたい意欲をつくりだすのです。

●思いを共有しようとする

ユウタさんは、半年後のカルタとり大会でその姿を示します。大会前の練習、一番でないと許せないユウタさんは、負けだすと「ばかやろう!」と叫び友だちを叩きカードを破ります。放課後、先生は班長を集めて相談します。みんなは「人をぶったり、けったりし

くります。

ない」「3回までいいけど4回注意されたらチャンピオンになれない」など7つ約束をつくります。

今関先生は、大会本番ユウタさんは約束を守れなくても仕方ないと腹をくくります。ところがその日、ユウタさんはがんばるのです。「先生、まだ3回注意されてないよね」。自ら約束を確認します。しかし、2回戦は歯がたたない。それでも約束を守ったユウタさんですが、最後は試合放棄し、テレビの後ろで泣きます。次の授業になっても出てこないユウタさんに先生はこう言います。「昨日（練習）のユウタさんの泣き声とちがうね、自分が一生懸命やったけど勝てなかったことが悔しいんだろうね」「みんなもユウタさんのわがまま許さなかったこともうれしかったよ。ユウタさんもクラスの仲間だもんねえ。先生、今日はとってもうれしかったよ。ユウタさん、かしこくなったねえ」。すると泣いているユウタさんにユリカさんが近づき、「ユウタさん、えらかったねえ」。ほかの子も次々近寄り声をかけます。しばらくして意を決したようにユウタさんは立ち上がり「ユリカちゃん、おんぶしてあげる」。その二人をみんながニコニコ見守る、そんな光景がクラスで生まれたのです。

◉子ども自らが共有「したくなる」経験をつくる

ユウタさんのトラブルはこれでなくなったわけではありません。しかし、この日のユウタさんは、思い通りにはならないことでも、自分「に」共感してくれた仲間と一緒にやりたいとねがうからこそがんばりました。そして、これも確かな成長した彼の一つの姿なのです。

共感の大切さの強調は、障害のない子に対し、自閉スペクトラム症児者の思いに共感「させる」指導を引き起こすときがあります。それは、子どもからすれば、共感「させられた」怒りを内包します。そのためなにかがうまくいかなかったとき、子どもの怒りは、共感とは真逆の「排除」の論理（あんな子、このクラスにいない方がいい）に転化するときがあるのです。

今関先生の実践で大切にされているのは、障害のない子が、障害のある子の思いに共感「したくなる」ようにさせる大人の指導です。障害のない子自身、「自分の思いを大切にされている」と確かに感じると、自分のなかの異質さを受け入れられるようになります。そして、それが他者の異質さに共感する力になるのです。子ども同士の共有体験をつくるためには、自閉スペクトラム症児への支援も大切ですが、それ以上に、クラスのみんな一人ひとりが「自分の思いを大切にされている」と感じられる集団づくりが重要となります。

そのことをこの実践は、深く教えてくれるのです。

第❾章 異質・共同の集団づくり

◉みんなの活動に自閉スペクトラム症児を参加「させる」？

自閉スペクトラム症で小学校5年生のリュウ君。知的には遅れはありませんが、運動会は毎年参加できませんでした。その年はぜひみんなと一緒に参加してほしいと思い、先生が工夫をされます。聴覚過敏のリュウ君のために、音楽とピストルを使わない競技を一つつくります。「かいけつゾロリ」が好きな彼のために、競技にキャラクターも入れます。練習はよかったのですが、運動会当日、参加者の多さに圧倒されたのか彼は会場から逃げ出し、競技も参加できませんでした。私も先生も、リュウ君に楽しい体験をつくれなかったことを反省させられました。

しかし、一番考えさせられたのは、その後のクラスのある子の声でした。彼は家でこう怒ったそうです。「僕はあの競技（リュウ君が参加するよう工夫したもの）も、音楽を流してほしかったし、『かいけつゾロリ』なんて嫌だった。でもリュウ君が出るために我慢したのに、なんでリュウ君、参加しなかったの！」。

リュウ君の参加は、クラスの子にとっては我慢をともなうものでした。それが怒りの背景にあったのです。障害のない子の生活に自閉スペクトラム症児を参加「させる」（「同化」）ことが、障害のない子に我慢を強いる場合、それがうまくいかないと真逆の「排除」の論理に容易に変わってしまうことを、強烈に教えられた出来事でした（図上段参照）。

◉「異質・共同」の集団づくり

前章で紹介した小学校での今関先生の実践はこれとはちがいます。そこでは、自閉スペクトラム症児を障害のない子の生活に参加させるのではなく、まず障害のない子が自閉スペクトラム症児の世界の異質さを認め、それに共感できるように大人がていねいに働きかけます（図下段①）。障害のない子に共感されるとそのうれしさから、自閉スペクトラム

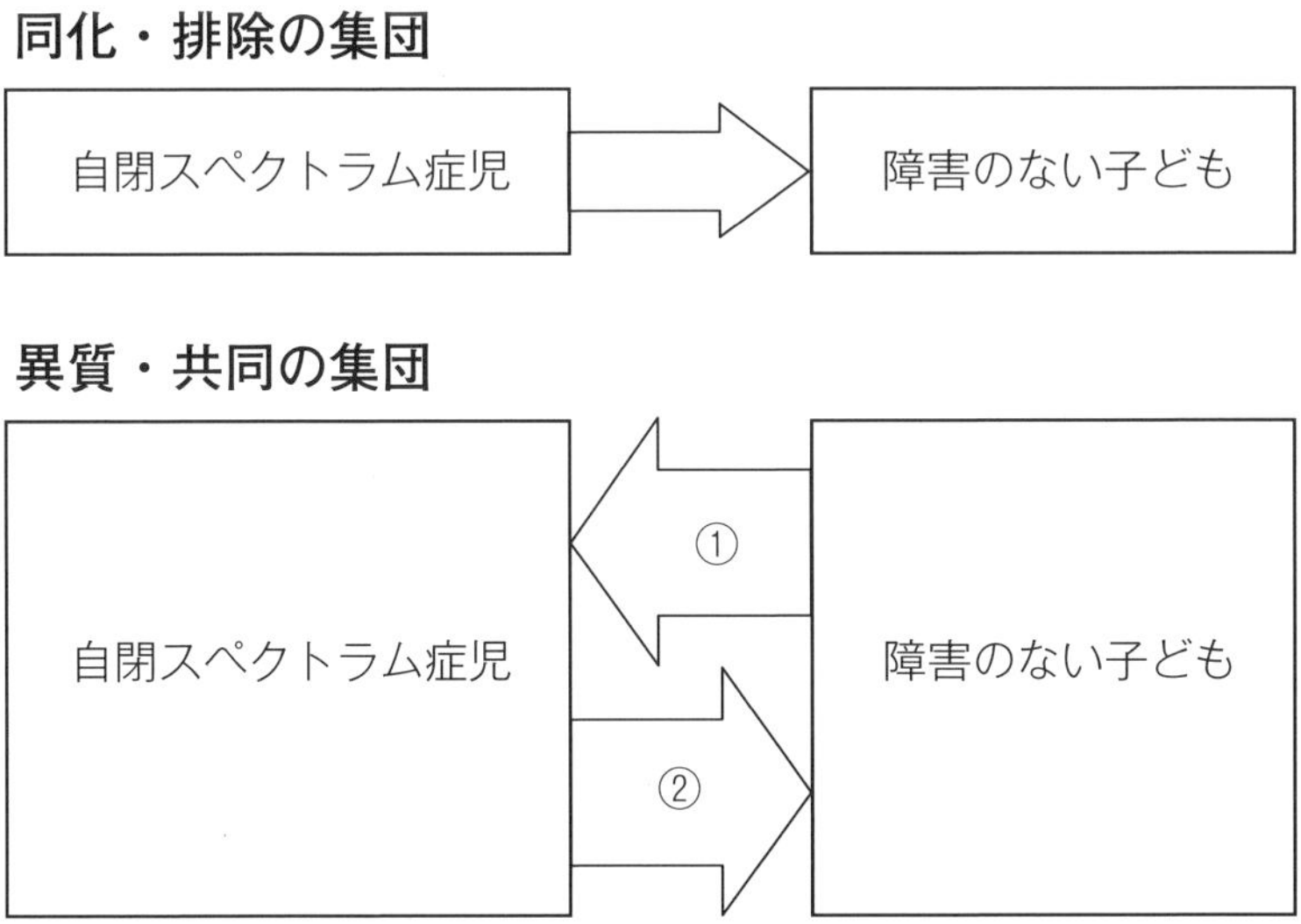

症児もその障害のない子と一緒に活動したくなります。それが、少し苦手だったり嫌な活動でもがんばってみる思いにつながるのです（図下段②）。こういった集団は、異質さを認め合って共同するという意味で、「異質・共同」の集団と呼ばれます[1]。

　図の上段の矢印と下段②の矢印は、同じ右向きです。しかし、図上段は大人が自閉スペクトラム症児を障害のない子の世界へ向け「させる」のに対し、図下段②は自閉スペクトラム症児自らがその世界へ入ろうとする矢印です。方向性は同じですが、本人にとっての意味はまったくちがいます。

そして図下段②を生み出すためには、図下段①が必要なのです。前章の今関先生の実践はそのために、障害のない子が、自分の姿と自閉スペクトラム症児の姿を重ね合わせる言葉かけを大切にされました。これは自閉スペクトラム症児に対する支援でもありますが、障害のない子どもたちの集団づくりそのものとも深く関わるものでもあります。ここでは通常学級での実践[2)]を紹介し、この点を深めたいと思います。

◉「りっぱ」で「よい子」の集団

小学校1年生29名は最初から、なんでもそつなくできトラブルもない集団。しかし、担任の里中先生が気になったのは、ついやってしまったやんちゃや失敗を指摘されると、即座に「やってない」と言い、逃げられないと黙り込む子どもたちの姿でした。子どもにゃんちゃや失敗はつきもの。小学校1年生ならなおさらでしょう。それを否定し逃げる姿から先生は、子どもたちが、失敗を受け止められた体験が少ないと感じたと思います。それで、子どもたちがやんちゃや失敗をした際に、「丁寧に話を聴き、受け止めて共感しつつ、相手の子とつなぎ、気持ちを確認しながら解決する」ことを繰り返されます。子どもたちは次第に、失敗をしても素直に話すようになります。

◉しつこく相手を笑わせようとする佑介君

それでもさまざまなトラブルが起きます。このクラスには、しつこく相手を笑わせようとする佑介君がいました。本人に悪気はないのですが、相手にとってはそれほどおもしろくはないことを繰り返す姿は、周りをかなりイライラさせたようです。これは彼が幼さとともに、相手の気持ちをうまく理解できない一面をもっていることを推測させます。

それを繰り返された同じ班の子で、生真面目な智也君と遥香さんが佑介君に「きえて」「いたらめいわく」と手紙を書きます。さらに「無視作戦」「佑介のお母さんに佑介を殺してとお願いする作戦」を立てたのです。

佑介君のお母さんとつながりがあった智也君と遥香さんのお母さんがそれを知り、ご家族から了解を得た先生は、本人たちの了解もとった上でクラスに報告し、話し合います。当然、「それダメでしょう～」とある子が言います。それに対し先生は、でもやめてほしいと言っても佑介君が聞いてくれなくてとても困ったこと、それで仕返しをしようとしたんじゃないかと、智也君、遥香さんの気持ちを代弁します。そして、「みんなもこうしたことあるでしょ?」と問い返します。失敗を話せる集団になっていたからでしょうか、みんな口々に「あるある!」と盛り上がります。

そういうとき、どうするかについてみんなの意見を聞いた後、先生は「話し合い・相談・仕返し」の三つがあるとまとめます。そして、このなかで嫌なことが解決しないのが一つだけある、それは「仕返し」だと言います。「仕返しして、解決しないでひどくなったことある？」という先生の問いかけに、「ある！」とここでも話が盛り上がったそうです。

その後、放課後、班で話し合うと、佑介君が「僕が笑わせて困って智也がかわいそうだと思った」と言います。先生はその発言をとりあげ、智也君に「無視作戦」しなくてよかった、もっといい作戦立てればよかったねと語りかけます。すると智也君は、「一緒に遊べばいいんだ！」と言い、それから智也君の家で佑介君も含めた「土曜日遊び作戦」が始まったのです。

●障害のない子が、「弱い自分」を自分で赦《ゆる》す

ここでとりあげた佑介君をめぐる「『イジメ』もどき事件」（里中先生の命名）の指導は、「丁寧に話を聴き、受け止めて共感しつつ、相手の子とつなぎ、気持ちを確認しながら解決する」ことを、障害のない子である智也君、遥香さんに行ったものでした。このことが、人の気持ちを読むことが少し苦手な佑介君も、集団のなかに居場所をもつきっかけをつくりだすことにつながります。

図下段①の、自分の思いを知って共感してもらうことは、実は自閉スペクトラム症児だけでなく、クラスのすべての子が求めていることなのだと思います。一人ひとりが、自分の思いを聴きとられ共感された体験が、異質な相手も受け止めようとする姿をその子につくりだします。里中先生は佑介君だけでなく、クラスのすべての子にそれをやられているのです。そして、ここではそれを行うために、失敗ややんちゃ、トラブルを大切に位置づけています。失敗やトラブルをしてしまうのは、「弱い自分」です。それをていねいに聴きとられ共感されることは、そういう「弱い自分」も含めて自分で自分を赦す[3]大きな力になります。子どもの「回り道」を大切にし、それによって子どもが「大きくなる」指導には、そういう意味も含まれているのです。

◉失敗を包みこむ共感的な笑い

里中先生の実践では、先のような一見深刻な事態でもその背景にある双方の子どもの思いをていねいにつかんで代弁します。特に失敗、やんちゃをした子の思いを代弁することは、自分にもそういう部分があるとみんなが感じ取るきっかけになります。それが失敗ややんちゃをただ否定するのではなく、それに対する共感的な笑いを引き出すのです。

2年生になってもトラブルは続きます。登校時に拾ったパチンコ玉を男子が自分の鼻の穴に入れて飛ばし、それが自分の机の上を転がったことできれい好きの女子が大泣きした「パチンコ玉事件」。これについて先生がていねいに状況を聞くと、最初、隼人君と懐君が「火炎放射事件」。智也君が懐君を叩き、懐君がけりかえして智也君が泣いた「火炎放射～！」と技の真似をしていた。智也君がやめてと言うと隼人君はやめたが、懐君は一人で続けていた。それを智也君は自分に向けてやったと勘違いして懐君を叩いた、ということがわかりました。それがわかって懐君は「そういうことだったんだ～」と言い、聞いていたみんなは爆笑します。実はこれは先生が入る前、子ども同士で「けってごめんね」「叩いてごめんね」ですでに終わっていたものでした。しかし、先生が状況をていねいに聴いて互いの思いを代弁することで、形式上の解決ではなく、みんなが互いの思いに共感できる深い理解につながっていったのです。

この後、休み時間に好きな子同士が好きなこと（マッサージ、ダンスなど）をやるグループが生まれ、先生はそれを学級クラブとして立ちあげます。その一つの「お笑いクラブ」には、あの佑介君と智也君が一緒に中心的存在として加わっていたそうです。

障害のない子も、それぞれ「弱い自分」をもち、異質さを抱えて生きています。図・下段の「自閉スペクトラム症児」は、「障害のない子の弱い自分」と置き換えても成立するものです。障害のない子がそれぞれの弱い自分を共感し合える集団づくりは、それ自身、自閉スペクトラム症児が仲間と共有体験をもてる集団をつくることと軌を一にするのだと思います。きびしい条件下ですが、どんな質の集団を通常学級につくるのかが問われているように感じるのです。

（1）湯浅恭正（編著）『困っている子と集団づくり―発達障害と特別支援教育』クリエイツかもがわ、2008年。
（2）里中広美「回り道しながら大きくなろう」『生活指導』2015年2／3月号、6―13頁。
（3）高垣忠一郎『生きることと自己肯定感』新日本出版社、2004年。

第⑩章 多様な感情を共に経験した歴史をもつ仲間

◉仲間は「つくらせる」もの？

自閉スペクトラム症児者は他者の心を理解することが苦手なため、仲間関係をつくることが難しいと言われることがあります。そこから、自閉スペクトラム症児者に心の理解や対人関係スキルを教えることで、仲間をつくることができるようにさせるという考えが生まれます。「うまく関わりたいのに関われない」人のために、そういったことが必要なときはあります。しかし、そういったスキルは、相手と「関わりたい」気持ちが「お互いに」

強く育っている前提があってこそ意味をもつものです。

仲間は「つくらせる」ものではなく、本人と相手がそういう関係をつくりたいねがいをもって初めて成立します。全障研第52回全国大会で、このことを再度教えてくれたすてきな実践（岡田徹也「学校の主人公になる『安心』と『納得』を実践の柱に」）に出会いました。これを通して、仲間づくりとはなんなのか、そのためになにが必要かを考えてみます。

◉自分の心を理解してもらえる人との出会い

岡田先生は、智樹君を含む特別支援学校小学部の1年生6人を担任します。智樹君は入学式翌日から、給食と下校時に荷物を取りに行く以外は、教室への入室を拒否します。教室から遠く離れた3階廊下の隅に居続け、先生が少しでも「教室、行こうよ」と誘うと興奮し泣き叫びます。一方、彼は好きな「電車」「非常口」の話題になると会話してくれます。その理解の力の高さから当初先生は、そのうち教室に行けると思っていました。ところが予想に反し、その状態は2ヵ月まったく変わりません。先生の心の中には次第に、彼を「会話する理解力があり、今なにをすべきかわかっている、それなのにやろうとしない＝わがまま」ととらえ始めたと言われます。

実はこの年の６人はみんな落ち着きがなくトラブルが頻発していました。教室から飛び出し、自傷、他傷、窓ガラスを割る…。全員を「教室に集め、怪我や事故なく過ごすこと」が１学期の最大の目標となるほどでした。こういったクラス状態は、子どもを理解する物理的・心理的余裕を大人から奪っていたことは想像に難くありません。そして、先生は理解できない苦しさに追い詰められていたのだと思います。

◉5月の運動会―智樹君との「出会い直し」

教室に入ることもできない智樹君は、当然運動会も参加しないと先生は思っていました。しかし、彼は当日、すべての種目にとりくみます。そして、その翌日からまた入室拒否に戻ります。

先生は「どうして、智樹君は運動会に参加できたのだろうか」と考えます。担任集団で話すと、彼が入学式、参観日は楽しそうにしていたこと、そしてそこには智樹君のお母さんがいたという話になります。そして、「智樹が〝わがまま〟や〝わかっちゃいるけどやらない〟のではない。懸命に安心できる存在（それが今はお母さん：筆者註）を探していた」という仮説にいたります。

先生は、お母さんだけではなく、自分も安心と納得を与える存在になろうと考えます。

そのために、〝決めるのは智樹君〟であり、それを応援すること、そのために嘘はつかないとします。「やらなくていいよ、だから聞いてね。今、友だちはさ（今日は○○の勉強をね）…」とわかりやすく語りかけ、本人がやらないと決めたことは認めます。嘘をつかない安心感が、彼の中に先生の話を聞く姿勢をつくります。そして先生におんぶしてもらいながら教室の近くへ行くことが増え、2学期には自分の教室内のロッカーが彼の居場所になっていきます。

同じ運動会参加の事実も「運動会に参加できる力があるのになぜ次の日からまた入室拒否なのか」と、智樹君の「わがまま」説を強化するようにとらえることも可能です（しんどいとき、私自身こうなりそうな自分が常にいます）。そうならなかったのは、岡田先生が、互いを支え合う教員集団と実践を積み重ねた歴史をもっていたからだと思います。先生は子どもではなく、自分自身の子どもの見方を変えようとします。そして、智樹君が激しい不安を抱えているととらえたとき、彼が本当はまわりの世界と安心して関わりたいねがいをもっていると気づきます。先生はこのとき、今まで知らなかった智樹君と「出会い直し」をしたのだろうと思います。そしてこれは、智樹君にとっても先生との新しい「出会い直し」となります。これが智樹君に人への信頼感をつくり、教室とそこにいる仲間へ関心を寄せる力を与えたのです。

◉子どもから教育・生活をつくる―楽しい活動を生活の中心に

仲間づくりというと、自分と他者との人間関係だけに目が向きがちです。しかし、自分と他者がどんな活動・生活を経験したかは、その人間関係に大きく影響します。特に楽しい生活・活動は、それを一緒に経験している他者に関心を生み出す力をもっています。

岡田先生は2学期、1学期とはまったくちがう教育課程をつくります。一週間同じ時間帯で同じ活動を保障することは、1学期と変わりません。しかし、1学期は登校後まず「おはようタイム⇩朝の会」をやって、その後、「総合学習／からだ」と続きます。それを2学期は、登校後すぐ「さんぽ・山あるき」に変更し、たっぷり時間を保障します。さんぽ・山あるきは、1年生みんなが楽しめる活動でした。楽しい活動を朝一番に保障する。[1]これは「やらされる生活」ではなく、「子どもたちの好きなことを学校生活の中心にする」ための工夫です。

楽しい生活が生活の最初（そして中心に）あることが、智樹君の安心感を強め、外の世界への関心を広げます。最初彼は、先生におんぶされて散歩に参加しますが、次第に一人で歩く時間が増えます。そして先生たちの背中を叩いてにやにやうれしそうにする、散歩途中にある建物の非常口を探して見るなど、楽しい世界を広げます。

この楽しい世界の広がりは、先生に新しい悩みをもたらします。非常口を探すのは、入ってはいけない建物に入ることであり、みんなの散歩から外れることになるからです。それでも非常口を見つけた智樹君は「おかせんせい、みて、ひじょうぐち」とうれしそうに言います。先生は「山の入り口に行って『朝の会』しようよ」とやんわり方向転換させようとしますが、彼は一切反応しません。葛藤しながらも先生は方向転換させるのを「あきらめて、彼の隣に屈んで同じように中を」見ます。そして「非常口あるね。よく見つけたね」、すると智樹君は先生を見て笑顔になり、友だちのところへ走って戻ります。こういう小さな「出会い直し」を織り込みながら、彼は先生を支えに気持ちを立ち直す力も獲得していきます。

◉仲間との出会い——「子ども心と秋の空」

その後、智樹君は、友だちに関心を向けます。最初、先生を叩くのが減ったかわりに、友だちの背中を叩くという姿でそれはあらわれます。叩かれた同じクラスの哲夫君が驚いて逃げると、それをおもしろそうに見ていたそうです。

しかし、相手との関係性は、日にちや場面がちがうと容易に変わります。別の日の散歩では、哲夫君の手が智樹君に軽く当たります。智樹君は「叩かんといて！　あやまって」

と泣いて怒ります。先生はとりあえず哲夫君に謝るように言い、智樹君をおんぶします。少し歩くと彼は機嫌が直り、自分で歩き始めます。すると智樹君は今さっき怒った相手である哲夫君に近づき、自分が持っているキャラクターのタオルを出して「哲ちゃん、どれが好き？」と聞きます。哲夫君は「これ！」と応えてくれる。それがうれしくて智樹君は5回も同じことを聞きます。そのしつこさが嫌だったのか、哲夫君は智樹君を押します。それで智樹君は泣き出し座り込みます。

先生はしばらく彼が泣くのを見守り、少し落ち着いたところでこう話します。「哲夫ちゃんと話をしたかったのに、びっくりしたね。後で哲夫ちゃんと一緒にお話ししようね」。するとしばらく座った後、智樹君は、今度はタオルを先生に見せ「おかせんせい、どれが好き？」。先生が「これ」と答えると、「自信を取り戻したのか、また走り出し」散歩に戻っていったとあります。

友だちに関心をもったとして、そこでは楽しいことばかりがあるわけではありません。腹が立ったり、悲しかったり、ほっとしたり、うれしかったり、喜怒哀楽をいろいろと経験します。多様な感情を経験するからこそ、一つひとつの感情の彩りが深く刻まれます。そして、それを一緒に経験した相手だからこそ、その相手が仲間になるのです。智樹君は、一回の散歩のなかだけでも、哲夫君に腹を立て、うれしくなり、また泣いて、とたくさんの感情を味わっています。「子ども心と秋の空」[2)]ではありませんが、子どもたちは、自分から動き出すのを待ってもらえると、秋の空のようにすっと心を移り変わらせながら、多様な感情と経験をつくり出します。その経験の共有が、他者を仲間にしていく。それは自閉スペクトラム症児も同じなのです。

◉「多様な感情を共に経験した歴史をもつ相手」としての仲間

2年生になった智樹君は、1年生の姿が信じられないくらい活動に積極的になります。休み時間には、クラスでやった「さるかにがっせん」が楽しいのか、「哲夫君や1年生の友だちと中庭の木に登り悪いさるになりきって、カニ役の先生に青い柿に見立てた葉っぱや実を投げて、いたずら顔で笑っている」姿をみせるようになります。この智樹君と哲夫君たちは、一緒に楽しい活動をする仲間になっています。これは智樹君に哲夫君との関わり方を「教えた」からできたのではありません。智樹君が人への信頼感をもてるよう、大人がそういう存在になったこと、そのうえで楽しい世界を生活の中心においたこと、そして周りをハラハラさせながらも、その楽しい世界で一緒に過ごす子どもたちの多様な関わりを大人が温かく見守ったこと。それが結果として、友だちへ関心をもち、多様な感情を共に経験した歴史をもつ相手として、仲間をつくり出したと思うのです。

楽しい生活は、そのなかに他者が含まれることで多様な感情を経験できる生活に広がります。そして、多様な感情を共に経験できる「活動・生活の保障」が、そこにいる相手を仲間にしていきます。岡田先生の実践から教えてもらった、とても大切な点だと感じています。

（1）楽しい生活を朝一番にもってくることの意味は、本著「第5章　楽しく振り返ることのできる生活」を参照ください。
（2）加用文男『子ども心と秋の空』ひとなる書房、1990年。

第⓫章 激しい問題行動を考える

◉強度行動障害

自閉スペクトラム症や重度の知的障害のある方のなかで、激しい問題行動を頻発する人がいます。近年、強度行動障害としてその研修が行われています。そこでは問題となる「行動」をどう変えるかが中心となり、それを行っている障害のある当事者の思い（心）がなおざりにされている印象は否めません。実際には本人の思いとは関係なく、生理的に突き動かされるように問題行動を起こす場合もあります。また、関わる側が相手の思いを考える余裕がなくなるほど精神的に追い詰められることも少なくありません。しかし、強度行動障害を行っているのも人間です。いろいろな思いを抱えながら、問題とみえる行動をせざるをえない状況に追い込まれている人はいるはずです。そういったことを深く考えさせてくれるみぬま福祉会の実践[1)]に出会いました。この実践を取り上げながら、その人の心を考えてみたいと思います。

◉「政臣が壊れた!」――出口のない迷路

これは成人施設に入っておられる政臣さんのお母さんの言われた言葉です。政臣さんはその頃、問題行動の嵐の中にいました。水中毒（後でふれます）、睡眠の乱れ、大声、2階から突発的に飛び下り脚の骨を折る、仲間への他害行動などです。しかし、施設入所当初、彼は人に対してオドオドし、近くに誰かが来るだけで逃げてしまう、「手のかからない」人でした。そんな彼が、右のような状態に変わったのです。

脚を骨折した後も突発的に飛び出ようとする彼に、職員は24時間体制で連日つきそいます。なにかしなければ、でもどうしていいかわからず、結局政臣さんを止めることしかできない。職員は「出口のない迷路に迷い込んだ」感覚と書かれています。これは、強度行動障害のある人に関わる側が感じる切実な思いだと思います。

問題行動の嵐になる前、政臣さんには、父の死、家の引っ越しという出来事がありました。自閉スペクトラム症の「変化が苦手」という障害特性からすれば、この大きな変化が問題行動の原因と考えることは可能です。そのため、毎日同じ場所で・同じ時間に・同じ仕事がある変化のない環境が重視されたりします。加えて、環境のなかで一番変化をもたらしやすいのは「人」の存在です。人は、状況や気分で表情、態度、言葉かけなどを臨応変に変化させるからです。そのためもっとも変化のない環境は「人ができる限り関わらない」環境（個別の空間、決まった順番で進む活動、人が笑顔でほめるのではなく、シールを貼ることで評価を伝えるなど）となるのです。

この実践でも、父の死、家の転居は大きな意味があったと考えます。しかし、それを「変化が苦手」という障害特性のレベルの理解でとどめません。この変化は、政臣さんにとって自らの存在すら脅かすほどの「不安」を与えたととらえるのです。激しい「不安」という心の理解は、彼の発達課題をとらえるとりくみから生まれています。これは職員が「出口のない迷路に迷い込んだ」と思うほど追い詰められながらも、この激しい問題行動のなかにこそ彼の本当の気持ちがあると考え、必死で探ろうとしたなかでのとりくみでした。

新版K式発達検査の結果、政臣さんは1歳半の発達の節の少し前にいることがわかりました。この時期は、初語の獲得や言葉の理解の始まりにあるように、相手の言うことがただの「音」ではなく、「意味のある言葉」であることに気づき始めます。しかし、自分が理解できる言葉はまだわずか。一方、言葉がただの音ではないと理解できるため、それまでのように聞き流せません。周りにあふれるわからない言葉の意味を一生懸命わかろうとします。それが言葉を言う人の表情や状況への過敏さを生み出し、それに振り回されやすくなるのです。

私たち大人も言葉の通じない外国では、相手の表情や動き、状況を必死で見てつかれやすくなるのと同じです。一方、障害のない人であれば同時期、「もっと」「いや」といった要求を出す力も形成できます。しかし、自閉スペクトラム症児者は、要求をもつ力に弱さがあることが少なくありません。[2)]「いや」と拒否できないからこそ、わからない言葉や指示のなかで激しい不安を感じていたととらえたのです。これに、父の死などの環境の変化による不安が掛け算のように働いたのです。

◉「心の支えとなる人」をつくる

不安という心が一つ見えることで、職員のなかで「あの行動にはこういう意味(政臣さんの思い)があったのでは」という会話が少しずつ出てきます。そして「不安」という理解は、不安を少なくする働きかけとともに、不安を乗り越える力の形成についても考えることになります。

本著では、それを心の支えとなる人をつくることとして考えてきました。心の支えとなる人は、まず安心できる存在であり、加えて「助けて」という自分の心の叫びを出せば受け止めてくれると信じられる存在です。職員は、自分たちが政臣さんにとってのそういう存在になろうと努力されます。これは障害特性から導き出されやすい「人ができる限り関わらない」環境づくりとはまったくちがう方向性です。問題行動の対処の仕方は、問題行動の意味、当事者の心の理解を鋭く反映するのです。

◉こだわりの嵐—水中毒

それでは心の支えとなる人をつくるためになにが必要なのでしょうか。本著では、まずその子の楽しい世界をていねいに用意し、それを一緒に楽しめる経験をつくることが大切だと考えてきました。それを十分保障されると、子ども自身が次第に楽しい世界を用意してくれている人を、好きな人として気づくことができるようになるからです。

しかし、問題行動が激しい場合、「楽しい」世界自身が見つけにくいことも少なくありません。政臣さんの場合は、飲むことへのこだわりが激しく、水を過剰に摂取する水中毒となっていました。止めても、何リットルも一日に水を飲みます。水中毒は血液中のナトリウムイオンの低下を伴い、それがときにはけいれん発作や生命の危険をもたらします。

そのため、政臣さんに対しても水を飲まないように指導する。すると彼は職員の目を盗み、最後はトイレの水や散歩中の用水路の水でも飲んでしまいます。それを止めようとする職員に、政臣さんが噛みつく。楽しい世界をつくることなど考えにくいほど、双方が追い詰められた状況になっていました。

◉政臣さんの思いとは──「飲みたい」思いと豊かな生活

ここまでは彼の飲む「行動」のみに焦点があたり、「どうやって止めるか」ばかりが考えられていました。しかし、不安という「気持ち」をとらえ始めた頃の職員集団は、彼のとらえ方を大きく変えます。「(水を飲むことを：筆者註)禁止するだけでは、結局政臣さんの飲みたい気持ちに寄り添っていないのではないかと考え、気持ちに寄り添うという大事な視点に戻ろうと考えました。制限していれば、水中毒にはならないかもしれませんが、暮らしを豊かにはできないと考えたからです。(123頁)」。

政臣さんの行動の背景に「飲みたい気持ち」があるととらえ直したのです。そのため施設ではお茶会の時間をつくり、コーヒーメーカーでコーヒーをいれて仲間と一緒に飲むとりくみを始めます。彼は最初待てませんでしたが、次第に待っているとおいしいコーヒーが飲めることがわかりだします。いい香りをかぎながら「もうすぐコーヒー飲めるね」と一緒に待つ職員や仲間がいる。だんだん政臣さんの表情にも余裕が出てきます。職員に誘われコーヒーを周りの人に配り、「ありがとう」と言われることも経験します。そのなかで、政臣さん自身が一杯のコーヒーを楽しむ姿をみせるようになります。その頃からむやみに水を飲むことが減り、「これでおしまい」の職員の言葉かけも受けとめられるようになったのです。

◉飲む「質」を高める—要求の主体に

実践では、飲む行動の背景に飲みたい要求があるととらえました。一方、水を見ると強迫的に飲まざるをえない水中毒は、彼が「要求に支配されている」状態です。だからトイレの水でもなんでも、とにかく飲めればよいのです。そうではなく、政臣さんに「飲みたい要求」をもう一度取り戻し、政臣さんが要求の主体になるようにしたい。そのためには、飲む「質」を高める、すなわち「おいしく飲む」体験をつくることが必要だととらえたのです。多飲症・水中毒については医療現場でも「飲ませない」から「安全に、おいしく飲んでもらう」実践が注目されていることを知りました[3)]。みぬま福祉会の実践は、それを障害者分野で先取りしていたと思います。

◉主体性と生活の質

この実践ではほかにも、おもしろいとりくみがあります。例えば、受け身的に変化を感じるのではなく、仲間が主体的に変化をゆっくりつくり出すようにすれば、自閉スペクトラム症児者もその変化を受けとめられるという考えに基づくものです。そのため、変化のない仕事場で働くのではなく、仕事場自身を仲間自身がゆっくりつくる（変化を自らつくり出す）とりくみをします。倉庫を片づけ、草刈り、ウッドデッキ、たい肥場づくりのための木材切り、くぎ打ち、ペンキ塗りを少しずつ繰り返します。なにもなかったところが次第に変わっていき、それが仲間の新しい仕事場になる。政臣さんも最初は大騒ぎでしたが、次第に「ここは自分の場所」ととらえることができるようになり、落ち着いて仲間と働く姿を示すようになりました。

自閉スペクトラム症児者の心を考えることは、その人の主体性を大切にすることであり、生活の質を考えるためには欠かせないものです。問題行動をこういった視点でとらえ直す重要性を、この実践は提起しているのです。

（1）「第3章　障害と発達に視点をあてて　1　行動障害にとりくむ」みぬま福祉会（編）『みぬまのチカラ』全障研出版部、2014年・所収。また、白石恵理子『しなやかに したたかに 仲間と社会に向き合って』全障研出版部、2007年も参照。

（2）この点は、『障害者問題研究』第44巻2号「特集・1歳半の節と発達保障」、2016年を参照。

（3）川上宏人・松浦好徳（編著）『多飲症・水中毒―ケアと治療の新機軸』医学書院、2010年。

第⑫章 ふれあうこと、安心できること

◉腕一本、離れなさい

先日、岐阜で障害のある当事者の演劇集団「（障がい者の）演劇を楽しむ会・劇団ドキドキわくわく」の舞台（題：「こえるよ　今を！」）を見ました。特別支援学校で女の子と一緒にいたら、先生に「男子と女子は、腕一本（腕を伸ばしても相手に触れない距離という意味）離れなさい」と強く教えこまれた男の子が主人公です。彼は卒業後、好きな女性ができます。一緒に食事に行きますが、そこで向かい合って座ることのできる座席を探す

のにとても苦労します。なぜかといえば、隣り合わせの席だったら「腕一本離れる」ことにならないからです。それに対し、周りの仲間が「好きなのになぜ腕一本離れなきゃいけないの？」と問いかける。彼は「そうしなきゃいけないって学校で言われたじゃないか！」と言いながらも、激しく混乱します。そんな彼が家族や仲間とのふれあいのなかで、好きだという自分の気持ちと好きな相手を大切にすることが一番大事であること、だから「腕一本離れる」必要はないことを受け入れる気持ちに至っていくというものでした。

この劇団は、障害のある当事者の悩みやねがいを聞き、一緒に考え話し合いながらそれをシナリオに練り上げます。男女が「腕一本離れる」という指導は、性のトラブルを起こさないためという名目で、近年特別支援学校でよく用いられます。そして、自閉スペクトラム症の人には、このパターン化したわかりやすさがとても入りやすいのです。しかし、彼・彼女らも同じ人間です。誰かを好きになることは当然あります。その際、このパターン化した理解が自分をしばってしまい、それによってとても苦しんでいる人がいることを教えられたのです。

これは、二つのことを考えさせてくれました。一つは「○の時は□する」とパターン化して教えることの問題です。自閉スペクトラム症の人はこういった理解の仕方がわかりやすいため、それにしたがった行動をとることはできるようになります。一方、自閉スペクトラム症児は、それを絶対なものと思い込みやすいところがあります。それが周りと新たなトラブルを生み出したり、本人を苦しめることがあるのです。わかってできるからよいのではなく、それがその人の一生にどう影響を与えるかを見通した責任ある支援が必要なのです。

◉突然スキンシップを求める

もう一つ、最も深く考えさせられたのは、自閉スペクトラム症児者にとっての人と「ふれあう」ことの意味です。

以前から、自閉スペクトラム症児が思春期になって、周りの人に突然スキンシップを求めるようになるという相談を受けることがありました。これは知的に遅れのない人でもみられます。思春期は二次性徴が始まる時期です。身体が大人になるため、このことが性の問題として取り上げられやすいのです。「腕一本離れる」指導は、こういったことへの対応としても使われます。

知的に遅れのない自閉スペクトラム症のヒロ君。彼は特別支援学校6年生の途中から、急に先生やお母さんにスキンシップを求め始めました。大人の背中に乗ったり抱きつくのです。触覚過敏があった彼は、生まれてからずっと身体にふれる行動は極端に嫌がっていました。お母さんは、自分に対してもスキンシップがないことを実はさびしく思っていました。だからこの変化はうれしかったのです。

でも家庭の外でそれをやることには、強い不安もありました。ヒロ君は体格のよいお子さんです。大人に抱きつくのを知らない人が見ると驚くのではないか、ヒロ君がお母さんに抱きつくのを認めると、彼は外で見知らぬ人にも抱きつくのではないか、そう心配されたのです。

◉他者と一緒に楽しめる経験

一方、この5年生後半から6年生は、ヒロ君は波がありつつも落ち着きをみせた時期でした。このときの担任は彼の好きなこと（例えば、地域のケーブルTVの番組）を見つけ、活動に組み入れる努力をたくさんしてくれます（学校祭でその歌を歌う）。そんな楽しい世界を用意してくれる先生に、彼はいろいろ話すようになります。家でパニックになりお父さんに頭を叩かれたこと（実際は、頭を自分で壁にぶつけるのを止めようとして、頭を押さえられた）もその一つです。それを聞いた先生は真剣に考え、「う～ん、ヘルメットを置いておいてかぶると叩かれても痛くないかなあ」と言います。彼はそれまで、自分のパニック自体が問題であり、それを起こさないためにどうするかという意見を言われてきました。ところがこの先生はそうではなく、ヒロ君を守る立場で考えてくれます。それがうれしくて、彼は家でその話をします。お父さんは、一生懸命だが少しピントがずれた（とお父さんは言われました）先生の言葉に思わず笑ってしまいます。

このように家族も含めてほっとできる先生との出会いは、ヒロ君の気持ちを楽にさせたようです。またヒロ君は、怒って教室を飛び出したり壁を叩くことがよくありました。ところが６年生で一緒になった女の子はそれをおもしろがり、一緒にやってくれます。この頃からヒロ君は、彼女と一緒に、笑いながらわざと壁を叩くようになりました。このように彼はこの時期、先生やクラスの子と、一緒に楽しい経験（情動共有経験）をいっぱいもてるようになったのです。

同じ頃、彼は生まれて初めて昼寝ができるようになります。ヒロ君は夜の睡眠も短いのですが、加えて昼間は寝ないと決めているようでした。寝そうになってもきっ！　と目を見開き、絶対寝ません。それがその当時、家でケーブルＴＶを見ていてあくびをしたかと思うと、そのまま数分寝てしまったのです。これは、彼が他者との楽しい情動共有体験を十分もてたことで、初めて心と身体が安心し、リラックスできるようになったことの証と思えました。スキンシップを求める姿は、こういった変化とともにみられるようになったのです。

◉思春期に心の支えとなる人をつくる

障害のない子どもは小さいとき、お母さんやお父さんなどに抱っこされたり頬ずりされるとそれだけでうれしく、自分から全身を相手にあずけます。相手が嫌いな人でなければ、本来ふれあうこと（スキンシップ）はそれ自体が人間にとって、とてもほっとできる楽しいことだからです。

私はヒロ君のスキンシップを求める姿は、この障害のない子が小さい時期にふれあい自体を楽しむことと同じ性質のものではないかと考えました。これは以下の理由からです。最近、知的に遅れのない自閉スペクトラム症児者の場合、心の支えとなる人の形成が障害のない子よりかなり遅れ、9、10歳すぎの思春期頃に初めて形成される場合があること[1)]が指摘されています。心の支えとなる人とは、心理学でアタッチメント（attachment）対象と呼ばれるものです。心の支えとなる人の形成は、障害をもたない子においては、生後10ヵ月から1歳頃に可能になります。心の支えとなる人が形成されると子どもは、不安や不快なときにそこから逃げるのではなく、不安に立ち向かう姿をみせるようになります。それは、心の支えとなる人とのふれあい（例えば膝に座る、手を握る）による安心感が、不安に立ち向かうエネルギーを子どもに与えるからです。

このことは自閉スペクトラム症児が、知的には9歳すぎの力がありつつ、人との関係性では、障害のない子どもが10ヵ月から1歳くらいに形成するもの（心の支えとなる人の形成）をその時期に初めて獲得する可能性を示しています。そして、これが自閉スペクトラム症児が思春期に突然スキンシップを求める理由の一つではないかと考えたのです。そうであればそのスキンシップは、障害のない子が思春期に示す性的要求をもったものとは異なると予想されました。

そのため、身体的なふれあいは、関わる側が認めることのできる形でどんどん行ってほしいとお話ししました。学校では、男性の先生は彼が求めれば、膝の上に座らせたり抱っこ（腰を痛めない程度に）をしていただけました。女性の先生は抱っこはしたくないのでやらないが、おんぶや手を握ることは積極的に受け入れていただきました。授業でも、ふれあいの文化であるフォークダンスを意図的に組み込み、いろんな人と身体をふれあう楽しさを経験できるようにしていただいたのです。

ふれあいを求めることを笑顔で受け入れてもらう経験をいっぱいしたヒロ君。彼は6年生の冬には、自分から「おんぶや抱っこはもういい」と宣言し、身体を頻繁にくっつけることはしなくなりました。身体をふれあう心地よさの十分な体験が、離れても大丈夫という安心感を育んだと感じられました。そして同じ頃、それまでなら不安でパニックになっていた文化祭のステージに、先生と一緒に立つ姿を見せるようになります。先生が彼の不安に立ち向かう心の支えとなったことを強く感じさせたエピソードでした。

◉「不安を減らす」ことと「安心できる」ことは同じではない

自閉スペクトラム症児者は、わかりにくさ、感覚過敏などで激しい不安を感じています。そのため、不安を減らすことはとても大切なことです。一方、不安を減らすことと、安心できることは同じではありません。人は誰しも安心できるためには、楽しい世界とそれを用意し、一緒に楽しんでくれる人の存在が必要不可欠だと思うからです。でも、自閉スペクトラム症の障害特性の強調は、不安を減らすことにのみ焦点を当て、楽しめる世界をつくることを制限する方向に進みがちです。変化が苦手だから、表情や態度を変化させる「人」と関わることを減らし、個別指導を増やすのはその一例です。

本著では、その子に応じた楽しい世界をどう見つけつくり出すかを、いろんな視点から考えてきました。一緒に楽しいと感じる経験が豊かにあってこそ、それを共有した人へ関心が強まり、その人の心を理解したい気持ちが生まれるからです。身体のふれあいや性も含め、その子に応じた楽しい世界を一緒に創造する専門性が、今こそ強く求められていると感じるのです。

(1)杉山登志郎『子育てで一番大切なこと―愛着形成と発達障害』講談社、2018年。

第⑬章
身体感覚としてわかり合えた経験をつくること

◉身体感覚としてわかり合えた経験

自閉スペクトラム症児者と障害のない人の間でだけではなく、人が互いに相手の心を知る際には、楽しかったり悲しかったりという情動を共有する経験がとても重要になります。頭で（言葉にして）理解するだけでなく、情動を共有できた経験は、理屈抜きでわかり合えた身体感覚を私たちにもたらします。それは、相手ともっと関わりたい要求を私たちのなかに生み出します。そして、わかり合えた身体感覚が十二分にあって初めて、わかり合えない経験（コミュニケーションがうまくいかないという意味で、これをディスコミュニケーションと呼んだりします）が強い違和感を生じさせます。その違和感こそが、「なぜ相手はそうしたのか」相手の心（気持ち）を知りたい要求をその人につくり出します（図）。その意味で相手の心を理解するためには、わかり合えない経験こそが必要といえます。しかしそれは、身体感覚のレベルでわかり合えた経験が十二分に保障されて初めて可能になるものなのです。一方、自閉スペクトラム症児者は、感覚過敏・鈍麻や物事の認知のユニークさ[1]などにより、経験の内容が周りの人とずれやすい。その結果、身体感覚レベルでの他者とわかり合えた経験がとてもつくりにくい。だからこそ、他者とわかり合えた経験を、周りの人がつくり出し保障することが大切となるのです。それが、自閉スペクトラム症児者にも、人の心を知りたい要求とその能力を形成する契機となると考えられます。

ここでは、それを悲しみというネガティブな情動の共有と、楽しさというポジティブな情動の共有という、二つの点で考えてみます。

◉悲しみの共有

わかり合えた経験には、悲しかったり、寂しかったりというネガティブな情動を共有するものもあります。自閉スペクトラム症児者は、さきほどふれたように、世界の経験の仕

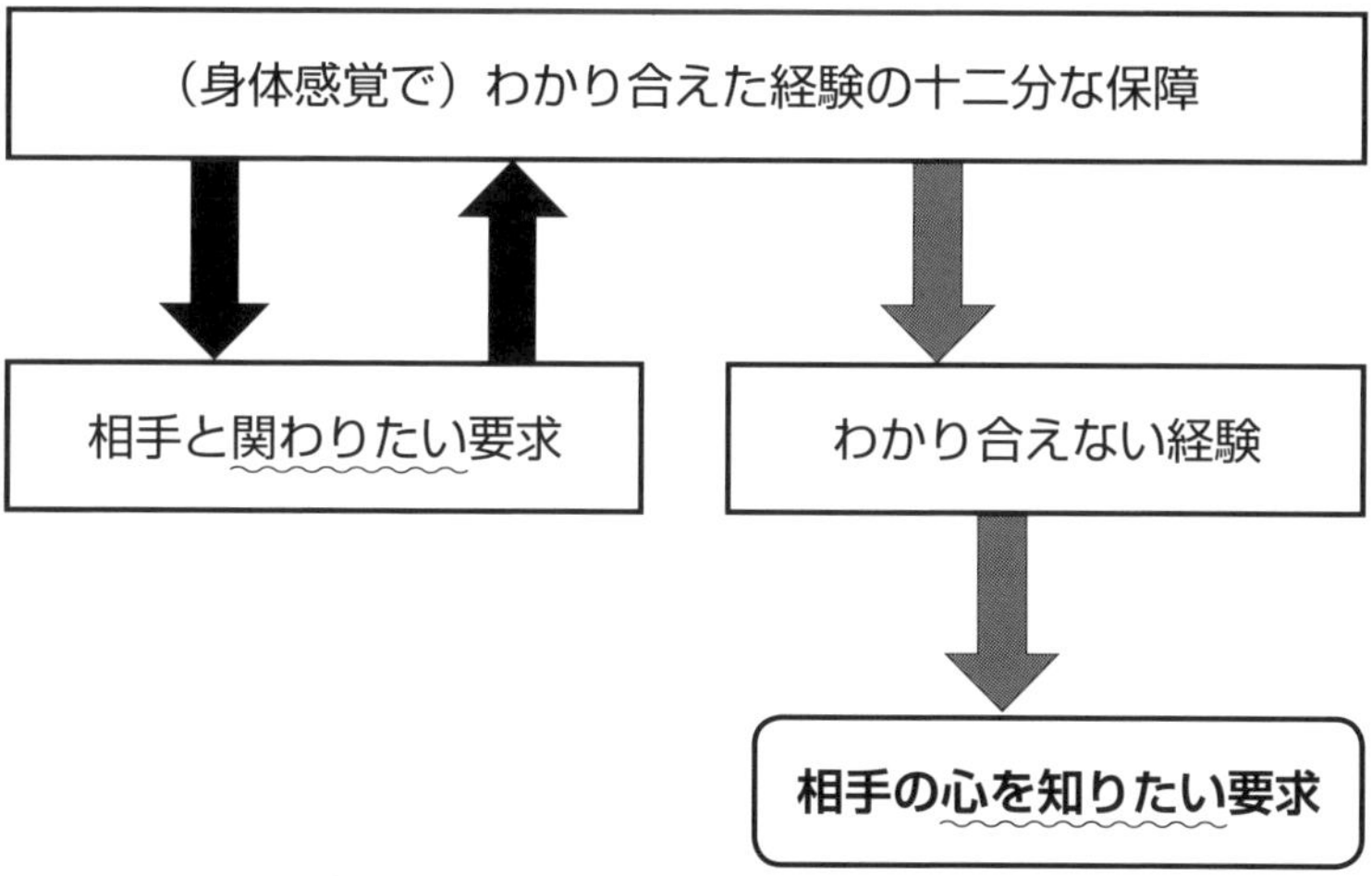

相手の心を知りたい要求が生じるプロセス

方が障害のない人とずれやすい面をもっています。障害のない人は、生まれてすぐの時期から、大人と一緒に笑い合うなど、情動を共有する経験を豊かにもつことができます。それが、他者に対する信頼感と、それに伴う自分が存在することの安心感をもたらしてくれます。自閉スペクトラム症児者が自分の身体感覚が周りとずれることは、この信頼感と安心感をつくることを困難にします。その結果、人知れず苦しみや悲しみを感じる状態を日常的にたくさんつくり出してしまうのです。だからこそ、関わる側（例えば、教師や保育士）が、その苦しみや悲しみをわがものとして感じることは、実践を展開させるうえでとても重要になります。なぜならそれが自閉スペクトラム症児者にとっては、初めて自らの悲しみを共有してくれる人との出会いになるからです。

◉激しい偏食のりんちゃん

「とにかく気に入らないとなにもしない」「ものすごい偏食」という申し送りで、新しくできた障害児学級に転入してきた、小学3年生のりんちゃん。小島先生は、りんちゃんを含めた4人の新設学級を担任します[2)]。最初はよそ行きの顔だったりんちゃんですが、給食開始から3日目、態度ががらっと変わります。給食前に突然トイレに駆け込み鍵をかけ閉じこもります。先生が心配して隣の壁をよじ登って入った瞬間に、彼女は先生を激しく蹴り飛ばし殴ります。そして先生がひるんだすきに全力で逃げる。それが続き、先生は「とにかく昨年までの（転校前の学校の）方針を受け継ぎ」全メニューの一口分食べることができたらお家に帰るという「やさしい言葉できついこと」を強います。先生がその方針を曲げないことがわかると、りんちゃんは意を決して食べるようになります。

しかし、午前中は笑顔をみせるりんちゃんが、給食が近くなってからは表情がなくなり、なにもしなくなります。また、食べるのはみんなが下校したさらにその一時間後で、それまでは食べられない給食を前に座ったままでした。これでは給食を食べることは「できる」が、りんちゃんの育ちの機会を奪ってしまう。そう思った先生は「給食、食べなくてもいいよ」と伝えます。りんちゃんに笑顔は戻ります。しかし逆にこれを境に、それまでやっていたことも「やらない！」が頻発します。すると他の３人も勝手なことをし始めます。

それでも、小島先生はりんちゃんの思いを全面的に受け入れようと努力されます。しかし、りんちゃんはそういう先生に対し、できることなのに「やらない！」、誘うと「あっち行け！」を繰り返します。その苦しさのなかで先生は、運動会の練習中に大の字になって寝転ぶ彼女を許せず、結局りんちゃんは練習を見学することもできなくなります。

◉運動会当日

練習をまったくやらなかったりんちゃん。それなのに運動会当日彼女は朝から「先生、はちまきやって！」とやる気満々でした。入場行進も、そしてダンスでは普段つけない衣装までつけます。しかし、練習を見ていないのでなにをしていいかわからず、結局座り込んで動かなくなります。

運動会終了後、教室に戻った彼女は、大好きな家族が迎えにきているのに帰ろうとせず、教室のいすや机を倒して大暴れします。りんちゃんは本当は運動会に出たかった。しかし、練習に参加していないので、なにもできなかった。その悲しさ、つらさを小島先生は全身で強く感じます。そのときのことをこう書かれています。「私はただただ(りんちゃんに……筆者註)対決するワケでも、押さえつけるワケでもなくつきあいました。噛まれても叩かれても、そのまま受け止めていました。それしかできなかったからです(傍点筆者)」。するとりんちゃんは、しばらくして、先生の腕を噛んだ噛み跡をそっとなぜ、先生の膝の上で少し眠ったのです。

◉子どもとの出会い直し

小島先生はこのとき、りんちゃんの「暴れる」という言動ではなく、その奥底にある悲しみ、くやしさ、つらさといった「思い」をわが身に引き受けて共感的に感じ取りました。それが本物であったのは、りんちゃん自身が先生の腕の噛み跡をなぜて眠ったことにあらわれています。彼女は自分の思いを先生に受け止めてもらえたと感じた。だからこそ、自分から噛み跡をなぜるという行動を起こし、先生に身を預けて眠ることができたと考えられるからです。

先生と子どもがこのように、お互いに今まで見えていなかった相手の思いを感じ取ることができる瞬間があります。これは相手と出会い直すことであり、実践を大きく展開させる力になります。小島先生は「ごめんね、りんちゃん」と心から思います。そしてなによりも、りんちゃんが安心できる楽しい時間をつくりたいと感じるようになります。そこでヤッターマンにはまっていたりんちゃんに、その塗り絵をつくって渡します。彼女が夢中でとびつき黙々と塗り絵をする横で、先生も一時間以上黙って色塗りをします。その後、先生が「ねえ、ここは何色がいいかなあ?」と話しかけると「青」。「この人はなんていうの?」に「かんちゃん」。小島先生とりんちゃんの間で初めて会話が成立した瞬間でした。

この出会い直しを生み出す原動力は、関わる大人が自閉スペクトラム症児者の苦しみ、悲しみを共有することにあります。加えて、これを頭で理解するだけでなく身体感覚として感じとるためには、子どもとぶつかり合い、悩みぬく過程が必要です。そして、子どもの苦しみ、悲しみを感じとることは、多くの大人の場合、その「悲しみを感じ取ることができなかったそれまでの自分」と直面することでもあります。これは決して楽なことではなく、とても苦しいものです。しかし、その過程をくぐりぬけるからこそ、子どもは同じ苦しさ、悲しさを共に生きる〝仲間〟として、大人を認めてくれるようになるのです。

◉楽しさの共有

もう一つ、この本で中心に考えてきたのは、自閉スペクトラム症児者のユニークな楽しい世界を共有し、わかり合える経験をつくり出すことの大切さです。
楽しい世界を誰かとわかり合え共有できたとき、その楽しさは倍増します。それは、相手が自分と同じ対象を楽しんでいるのを見て初めて、自分がそれを「楽しい」と感じているることを確かなものと思えるからです。他者を鏡にして自分のことを感じ取る(理解する)ことは、特に発達の初期には、欠くことができないものです。そしてこのときの相手は、一緒に楽しい世界を共有したからこそ、その後、自分にとっての大切な仲間になることができるのです。

一方、自閉スペクトラム症児者は、感覚過敏・鈍麻やユニークな認知の仕方により、楽しい世界も周りの人とずれやすい。そのため楽しさを他者と共有する経験がつくりにくい。それが一緒に楽しむ他者を鏡にして自分が「楽しい」と感じていると思える体験を奪います。このことが自分を理解する力を育ちにくくさせ、仲間となる他者をつくりにくくさせます。だからこそ、関わる人が目の前の自閉スペクトラム症児者にとっての楽しい世界をつくり出し共有する経験を保障することが、とても重要になるのです。

◉楽しさを「他者と共有できる文化」につくり替える

ここではその一つのヒントとして、自閉スペクトラム症児者のユニークな楽しい世界を、他者と共有できる文化につくり替えることを考えてみます[3)]。

特別支援学校中学部のスウさんは、スクールバスの中で上級生が通り過ぎる車のナンバープレートを読み上げるのを聞くのが大好き。そして、そのなかでも「シガ（滋賀）」「キョウト（京都）」ではなく、なぜか「ギフ（岐阜）」が大のお気に入り。ある時期から上級生を見つけると「ギフ、言うて！（「言って」の意味）」としつこく追いかけ、それを言ってくれるまで上級生の教室の前から動かなくなります。その「こだわり」を、そのクラスの先生が朝の会の歌にします。その歌詞は次のようです。

今日も元気に歌いましょう　京都　大阪　奈良　滋賀　「ギフ！」
バスとすれ違う車のナンバー　神戸　和歌山　三重　滋賀　「ギフ！」
九州旅行で大発見！　福岡　長崎　鹿児島　「ギフ！」

スウさんが大喜びしたのは当然ですが、覚えやすいメロディとフレーズに、ほかのみんなも身体を揺らして楽しみ、最後の「ギフ！」はみんなで大声で言うようになります。さらに、先生のギター生演奏がその楽しさを倍増させます。これは、学部集会、３年生を祝う会でもバージョンアップして披露され、ほかのクラスにもちょっとした流行になります。

当初、車のナンバーを読み上げていた上級生は、スウさんが「ギフ、言うて！」としつこく迫ってこられるのに辟易していました。しかし、この歌が流行になり、みんなが楽しく歌うようになってからは、自分からスウさんに近づき、こう言うようになったのです。

「スウ、〝ギフ言うて！〟って言うて！」。

多くの場合、こういった〝こだわり〟（「ギフ言うて！」と執拗に迫る）に対しては、それをどうやめさせるか、あるいは本人の好きなこととして徹底して認めるか、といった二者択一になりがちです。これに対し、この実践はそのどちらでもなく、教師が「みんなで楽しめる文化につくり替える」こととしてとりくんでいるのです。文化とは、「人間同士がかかわり合いながら創り上げてきた、ものの見方、考え方、価値観、感じ方、生活様式」[4]です。「ギフ言うて！」は、スウさん一人の楽しみにとどまっている限り、〝こだわり〟の域を越えられません。しかし、それをみんなが楽しめる歌にしたことで、学級・学年の文化になります。この文化にすることが、他者と身体感覚としてその楽しさを共有できる経験を可能にしたのです。

こういった、自閉スペクトラム症児者にとっての楽しい生活をみんなが〝一緒に楽しめる文化〟に意図的につくり替える実践は、全国各地で生み出されています。[5] 楽しい世界は、ありのままの自分を出せる世界です。それを他者が一緒に楽しんでくれる経験は、ありのままの自分をその他者に受け止められた体験となります。これは、最も深いところで自閉スペクトラム症児者を支える力となる共感的自己肯定感の、確かな土台をつくります。こういった視角で実践から深く学ぶことが、今こそ求められているのです。

（1）その一つに、障害のない人が〝全体〟をとらえやすいのに対し、自閉スペクトラム症児者は〝細かい部分〟に注意が向いてしまう傾向で、心理学では「弱い全体性統合（weak central coherence）」と呼ばれるものがあります。例えば、部屋〝全体〟は同じなのに、机の位置が少しずれているとその〝細かい部分〟の変化に注意が向いてしまい、怒り出したり、すぐ机の位置を戻さないと気が済まないことの背景に、こういった認知の特徴があるといわれています。

（2）小島貴子「激しい偏食をもつりんちゃんと仲間たちとの3年間」『障害者問題研究』43巻2号、47－54、2015年。

（3）阪倉季子「教室に『自由』と『文化』を！」全国障害児学級・学校学習交流集会、2019年1月。このエピソードは、下記で取り上げた。別府哲「自他理解と発達障害支援」『教育と医学』第793号、50－55頁、2019年。

（4）原田文孝「恋愛を学ぶことは教育目標になるのか」三木裕和・越野和之・障害児の教育目標・教育評価研究会（編著）『障害のある子どもの教育目標・教育評価』クリエイツかもがわ、2014年。

（5）例えば以下の実践が挙げられます。①赤木和重『目からウロコ！　驚愕と共感の自閉症スペクトラム入門』全障研出版部、2018年。②岡本正・河南勝・渡部昭男（編著）『福祉事業型「専攻科」エコールKOBEの挑戦』クリエイツかもがわ、2013年。③鳥取大学附属特別支援学校（著）三木裕和（監修）『七転び八起きの「自分づくり」－知的障害青年期教育と高等部専攻科の挑戦』今井出版、2017年。

おわりに

◉大人の文化性・感受性を高める

本書の最後の章では、楽しさを共有するために重要な点をいくつか考えました。それにもう一つだけ付け加えることがあります。それは、関わる側の大人が自らの文化性と感受性を高めることです。

激しい問題行動を示した、ご自身の息子さんである次郎さんの育ちを書かれた本[1]があります。次郎さんは、特に思春期頃、毎日、食事をした後に使った皿を床に投げつけて割る、スクールバスから降りるとジャージと靴を破り捨てる、といった破壊行動を繰り返します。そして最も大変なときは、家のドア、床まではがし、壊してしまいます。その後もさまざまな紆余曲折があり、卒業後はびわこ学園に入園されます。

そこで、田中敬三さんという指導員がやっておられた粘土に出会います[2]。最初は粘土室に入ることそのものを激しく拒否していた次郎さんですが、紙と鉛筆を用意され、粘土はやらなくて絵だけ描いてもいいことがわかってから少しずつ落ち着きをみせます。そして、ある時期から、粘土の塊をとにかく両手で激しく叩き、またそれをひっくり返してさらに叩く。粘土が広がると両側から折りたたんでまた激しく叩く。ただただ、それを延々と繰り返した時期があったそうです。力がものすごく強いため、粘土と粘土の間が密着状態になり、粘土板の表面に彼の指の指紋までくっきり浮き上がるようになります。それを田中さんはすてきな作品としてとらえ、本の中でこう説明されています。「お釈迦さまの足形を石に刻んだ『仏足石』のような次郎さんの手形」（田中、2008年、159頁）。

次郎さんがそのように意図して制作したのではないでしょう。だからこそ、そこに価値を見出すことができるかどうかは、それを見る大人の側の深い文化性に依っていると考えられるのです。私にはただ単なる手跡のついた粘土板にしか見えないものに、田中さんは深い価値を見出し、作品として展示します。それは田中さんの粘土や芸術に関する深い文化性に裏打ちされた、確かな視点が存在するからこそ可能になったものなのです[3]。

各教科や学問分野の深い理解は、その文化をとらえる力を多様に、かつ深くします。特に障害のある人と関わる上では、「できる－できない（わかる－わからない）」とは異なる視点で、その人の姿、活動、言動をとらえる大人の「目」が重要になります。その際、関わる大人の文化性とそれをとらえる感受性が鋭く問われるのです。私たち自身が自分の文化性を高める日々のとりくみが、自閉スペクトラム症児者の楽しい世界を発見し共有する上で、大きな意味をもつのです。

この点では芸術領域以外でも、近年さまざまな意欲的実践が発表されています[4]。既存の文化を深く学びながら、既存の枠を超えた視点をつくり出す。スキルの習得だけでない、創造的な営みが、私たち自身に強く求められているのです。

◉ネガティブ・ケイパビリティ

最後に、心の理解ということで一つだけふれておきます。とても優れた（と私が感じる）実践をする方にお話を聞くと、共通して言われることがあります。それは、「子どもの気持ちがわかった！　とはいつまでたっても思えない」というものです。ある先生は実践を深めるなかで、この子はこういう気持ちでやっていたんだ！　とわかった気分になるときは確かにあると言われます。しかし、わかった！　と思った瞬間に、今まで見えていなかったその子の「（自分には）まだわかっていない心」の存在が見えてしまうと表現されました。その子ども理解の深さに、思わずはっとさせられました。

近年、「ネガティブ・ケイパビリティ」という言葉が、カウンセリングの領域などでいわれています。[5)] 医療でいえば、今の主流は、なにかが治ったりできたりするようにする（ポジティブなケイパビリティ（capability）を増やす、追求する）ことを目的にしています。それに対し「ネガティブ・ケイパビリティ」は、治らないとかできないままであるといったネガティブなことを、そのまま受け止めることを指します。それは「答えの出ない事態に耐える力」といわれたりします。人の心を理解することは、まさに「答えの出ない事態に耐える力」を必要とするものです。それはさきほどふれたように、人の心は、わかった瞬間にわからない未知の部分が見える、その繰り返しをその本質とするものだからです。しかし、だからこそ人の心を知ることは、どこまでいっても汲みつくせないおもしろさをもったものともいえるのかもしれません。

この本で考えてきたように、自閉スペクトラム症児者との関わりは、この汲みつくせないおもしろさをいっぱい教えてくれます。そして、相手の心を理解することは、それを鏡として自分の心を知ることでもあります。自分と相手の心をわかり合う旅を少しでも楽しむ手がかりを、全国各地の豊かな実践、そして家族の声、当事者の発信からたくさん学び、紡ぎだしていければと思っています。

（1）新見俊昌・藤本文朗・別府哲『青年・成人期自閉症の発達保障―ライフステージを見通した支援』クリエイツかもがわ、2010年。
（2）田中敬三『粘土でにゃにゅにょ』岩波ジュニア新書、2008年。
（3）（2）の本の中には、粘土を「このように使う」という通常の型をまったく外し、その人が粘土を「楽しめる」やり方であればなんでも柔軟に受け入れる様子がていねいに描かれています。
（4）算数でいえば、麦の会・品川文雄・越野和之（編著）『子どもからはじめる算数―すべての子どもに学ぶ喜びを』全障研出版部、2017年。
（5）帚木蓬生『ネガティブ・ケイパビリティ―答えの出ない事態に耐える力』朝日新聞出版、2017年。

別府 哲（べっぷ　さとし）

1960年、岐阜県生まれ
京都大学大学院教育学研究科博士課程に学ぶ。
教育学博士。専門は発達心理学。
現在、岐阜大学教育学部教授。
全国障害者問題研究会常任全国委員。
主な著書　『障害児の内面世界をさぐる』（全障研出版部）
『自閉症児者の発達と生活―共感的自己肯定感を育むために』（全障研出版部）
『心の理論―第２世代の研究へ』（新曜社、共著）
『支援が困難な事例に向き合う発達臨床―教育・保育・心理・福祉・医療の現場から』（ミネルヴァ書房、共著）

本書をお買い上げいただいた方で、視覚障害等により活字を読むことが困難な方のために、テキストデータを準備しています。ご希望の方は、下記の「全国障害者問題研究会出版部」までお問い合わせください。

自閉スペクトラム症児者の心の理解

2019年８月１日　　初版第１刷発行
2020年５月１日　　第２刷発行

著　者　別府 哲

発行所　全国障害者問題研究会出版部
〒169-0051　東京都新宿区西早稲田２－15－10
西早稲田関口ビル４F
Tel.03(5285)2601　Fax.03(5285)2603
郵便振替　00100-2-136906
http：//www.nginet.or.jp/

印刷所　株式会社光陽メディア

ISBN978-4-88134-785-0